L'AMI DES ARTS

OU JUSTIFICATION DE PLUSIEURS GRANDS HOMMES.

Summa petit livor, perflant altissima venti.
  Ovid.

A AMSTERDAM,
Et se trouve à Paris chez les Marchands
de nouveautés.

M. DCC. LXXVI.

AVERTISSEMENT
DU LIBRAIRE.

LE petit Ouvrage que nous donnons au Public, a été écrit vers la fin de l'année dernière. Quelques mois après, la personne à qui il avait été adressé, ayant engagé l'Auteur à le revoir, nous l'a ensuite communiqué, & nous a déterminé à l'imprimer.

Nous avons crû que cet essai pourrait ne pas déplaire à ceux qui s'occupent de l'étude des Arts & de la Littérature, & aux Amateurs qui en font le délassement de leurs travaux. On verra par les lettres suivantes que l'Auteur n'attachait aucune prétention à cet Ouvrage qu'il n'avait composé que pour son ami.

Il ne déguisait point avec lui sa façon de penser, & si ses jugemens

AVERTISSEMENT.

paraissent un peu sévères, il faut d'autant moins s'en étonner que chacun aujourd'hui s'arroge ouvertement le droit de condamner les hommes les plus célèbres; on avouera sans peine, que l'excès de nos abus en différens genres, est bien propre à donner de l'humeur aux esprits fins & délicats; mais on peut s'élever contre ces abus, sans s'écarter des loix de l'honnêteté. Les injures ne sont jamais de saison, & il serait à désirer que tous les Critiques montrassent en public autant de modération que l'Auteur de cet écrit en a fait paraître dans le commerce libre de l'amitié.

EXTRAIT

D'une Lettre de l'Auteur à M. le Comte de L....

A Paris, le 6 Décembre, 1775.

. . . . . . , ...

QUe n'en puis-je douter comme vous de la décadence du Goût & du dépérissement des Arts dans notre bonne Ville! Tout ce que vos Compatriotes vous ont dit, n'est que trop véritable. Leurs yeux n'étaient point fascinés comme ceux des Parisiens; ils ont vu les choses telles qu'elles sont en effet; les microscope de la prévention ne les a point trompés; ils n'ont gueres trouvé partout que des infiniment petits. Je suis charmé qu'ils se soient expliqués sans feinte avec vous; ils n'auraient pu le faire ici sans s'exposer à la risée de tous ceux qui prônent nos tristes nouveautés. rappellez-vous que plusieurs Journalistes à qui l'enthousiasme de ces derniers n'en imposa jamais, vous ont appris depuis long-tems combien nous dégénérions en tout genre. Vos Messieurs, témoins oculaires, viennent de vous confirmer ces fâcheuses vérités. S'ils ne peuvent vous persuader, & si votre esprit incrédule cherche à réfuter leurs raisonnements, je ne vois plus d'autre moyen, pour vous convaincre entièrement de nos malheurs, que de venir juger par vous même nos Arts & nos Artistes.

Vous voudriez, Monsieur, que je devinasse les raisons qui nous éloignent de plus en plus des grands principes adoptés par tous les hommes de génie qui ont élevé le siècle de Louis XIV au comble de la gloire. peut-être l'abus de la critique & de l'analise y a-t'il contribué plus qu'aucune autre chose. A force de raisonnements & de discutions sur chacun des Arts, on est parvenu à n'y plus rien entendre. Les jeunes gens marchent à tatons dans un labyrinthe où les préceptes multipliés à l'excès étouffent le talent; heureux, qui peut saisir le fil d'Ariane pour s'échapper de ce Dédale obscur, & donner un libre essor à toute la sensibilité de son ame, & à l'élévation de son génie!

Puisque vous le desirez, Monsieur, je vous enverrai incessamment un petit écrit, où je tâche d'éclaircir vos doutes. J'y expose mes idées avec la franchise que je vous ai toujours montrée. J'y parle presqu'uniquement de Poésie & de musique; c'est assez, je crois, vous faire ma Cour. On est sûr d'intéresser un amant en lui parlant beaucoup de sa maîtresse. Les mêmes goûts d'ailleurs, les mêmes principes nous réunissent depuis long-tems ; nous avons souvent admiré ensemble les Chefs-d'Œuvre des anciens, & ceux des grands hommes modernes ; nous leur rendions justice en dépit de l'envie. Quand nous remarquions dans leurs Ouvrages immortels quelques légers défauts, ces taches inévitables à la faiblesse humaine, ne diminuaient rien de la haute estime que nous avions pour eux ; elles nous apprenaient seulement à montrer plus d'indulgence pour les Ouvrages médiocres. Nos sentiments sur les Arts en général ont peu différé. Que de titres pour me flatter de vous voir encore de mon avis en cette occasion, ou du moins pour n'être pas jugé trop rigoureusement. . . . .

EXTRAIT

D'une autre Lettre, au même.

Paris, 20 Avril 1776.

Vous me mandez, Monsieur, qu'on imprime *l'Ami des Arts.* En vérité il était bien inutile d'ajoûter une Brochure nouvelle à toutes les Brochures dont l'Europe est inondée. Vous me direz sans doute que si cela est inutile, cela est aussi fort indifférent, & qu'on peut, sans conséquence, imprimer une Brochure dont on parle un jour dans les gazettes littéraires, & qu'on oublie le lendemain pour d'autres qui subissent le même sort à leur tour. J'avoue qu'il n'y a pas grand mal à tout cela; mais convenez aussi que les sentiments que je déposais avec confiance dans le sein de l'amitié, étaient une marque de ma déférence à vos desirs, & que dans aucun cas, mon opinion particulière, très-peu intéressante en elle-même, ne pouvait mériter de paraître au grand jour. Le Public ne sera pas disposé à me passer tout ce qui avait trouvé grace à vos yeux. Je sens trop que l'ouvrage d'un moment n'est pas digne de lui être offert. Tous ceux qui travaillent pour ce juge éclairé & sévère, ne doivent jamais perdre de vue le conseil d'Horace :

*Sæpe stilum vertas, iterum que digna legi
sint scripturus.*

D'ailleurs la manière libre & naïve dont je m'expliquais avec vous sur le mérite de différens Ecrivains ou Artistes, (sans toutefois les nommer) pourra blesser leur amour-propre, & dans ce cas, c'est à vous seul, Monsieur, qu'ils devront s'en prendre.

Soyez vous même l'interprète de mes sentiments. J'affirme entre vos mains, que jamais mon intention n'a été d'offenser qui que ce soit, & qu'en vous faisant part de mes réflexions, je n'étois animé que du desir de voir refleurir la Littérature & les beaux Arts, & la paix renaître parmi ceux qui les cultivent.

∴ . . . . ∴

L'AMI

L'AMI
DES ARTS,
OU
JUSTIFICATION
DE PLUSIEURS
GRANDS HOMMES.

Nous sommes sujets à des peines sans nombre, à des maux de toute espece. Tout ce qui rampe sur la surface de notre petit globe est né pour souffrir. On chercherait

A

vainement parmi les hommes, un seul individu parfaitement & constamment heureux. Il est donc essentiel de les prémunir de bonne heure contre les dangers inévitables qu'ils doivent rencontrer dans leur course passagere, & les aider à les surmonter. Qui peut remplir ce grand objet ? L'étude & les arts consolateurs. En effet, pourquoi voyons-nous les hommes présenter un front plus ou moins serein aux orages qui les assiegent, montrer une ame inébranlable ou pusillanime dans les revers ? C'est que les uns se sont munis de ce secours infaillible, que les autres ont négligé ou ignoré.

Le Courtisan volage, que les passions ou les circonstances jettent dans le tourbillon du monde, frémit à l'approche des coups qui le menacent, & se croit perdu sans ressource. On l'apperçoit au milieu de la tourmente, jettant au loin une vue égarée & cherchant de toutes parts un port où il puisse au moins recueillir les débris de son naufrage. Mais il n'en voit aucun: la terreur s'empare de son ame; sans principes comme sans courage, que pourrait-il opposer à la crainte qui le maîtrise? En vain il croit la dissiper dans des plaisirs frivoles ou dangereux. Loin de soulager ses maux, ils ne font souvent que les aggraver. Forcé de renoncer à leurs charmes trompeurs, le désœuvrement & l'ennui viennent redoubler ses tourmens. Les réflexions ne lui prêtent point un appui salutaire, rien ne lui offre d'heureuses distractions. On le voit dépérir de jour en jour, & succomber enfin victime du désespoir, ou traîner une vie misérable également à charge à lui-même & aux autres.

Le Sage, dans sa retraite, n'est

point à l'abri des injustices de l'homme puissant, de la perte de ses proches, des maux physiques & naturels attachés à notre être. Doué d'une ame vertueuse & sensible, il n'est pas moins touché des malheurs de ses semblables, que de ceux qui l'affligent personnellement; mais s'il se voit dans la triste impossibilité d'adoucir le sort de ses freres, que de ressources au moins n'a-t-il pas pour rendre le sien plus supportable? Lors même qu'il désespere du salut de la République, il peut trouver encore des motifs de consolation dans la Philosophie, dans l'étude des Sciences, dans la culture des Lettres & des Beaux-Arts. Tel est le beaume salutaire que l'Être Suprême a réservé à la portion la moins considérable, mais la plus précieuse du genre humain; c'est le dictame sacré qui calme les douleurs les plus violentes, & cicatrise les blessures les plus profondes. Rien ne résiste à sa vertu bienfaisante, & c'est avec raison qu'on peut dire, comme le Poëte: *Dulces ante omnia Musæ.*

En effet, qu'y a-t-il ici bas de plus consolant pour les cœurs vertueux & sensibles, que le commerce des Muses? On ne les considere pas ici selon l'opinion la plus commune qui les fait présider seulement à la Poésie, mais bien comme les Déesses des Sciences & des Arts en général. Eh! qui a plus de droit qu'elles d'occuper le loisir des honnêtes gens? Qui pourrait offrir au Guerrier, au Magistrat, au Ministre des Autels, qui a consacré la plus grande partie du jour aux devoirs de son état, un délassement plus noble, plus agréable & plus utile à la fois? Heureux par elles, doit-on lui faire un crime de vanter leurs bienfaits, & de tâcher de communiquer à tout le monde, le bonheur qu'il leur doit ? Loin de blâmer une si juste reconnaissance, elle doit exciter notre sensibilité, & nous porter à devenir nous-mêmes de nouveaux adorateurs de ces Déesses secourables.

Plaignons les ames engourdies que leurs doctes chansons ne peuvent toucher, que les chefs-d'œuvres des arts ne peuvent émouvoir, & plaignons plus encore les barbares qui les décrient & les calomnient.

Ces filles du Ciel ont été envoyées aux hommes pour adoucir les amertumes de la vie. Quand tout abandonne les infortunés, elles seules leur restent fidelles. Elles répandent sur nous leurs bienfaits, en tout temps, en tous lieux ; elles font le bonheur de tous les âges. (1) Aussi le grand Virgile

___
(1) *Adolescentiam alunt, senectutem oblectant, secundas res ornant, adversis perfugium & solatium*

met-il dans les Champs-Elisés parmi les Ombres heureuses, les mortels paisibles qui leur consacraient leurs loisirs :

> Quique pii vates & Phœbo digna locuti :
> Inventas aut qui vitam excoluere per artes,
> Quique sui memores alios fecere merendo.

Heureux pendant la vie, ils devaient l'être encore après la mort, suivant l'opinion de ce tems là.

Si toute l'antiquité regarda justement les Muses comme les bienfaitrices du genre humain ; doit-on s'éton-

---

præbent, delectant domi, non impediunt foris, pernoctant nobiscum, peregrinantur, rusticantur. Cic. orat. 26. pro Archia. Ce que l'Orateur ajoute un peu après, touchant la Poésie en particulier, est remarquable: *A summis hominibus eruditissimisque accepimus cæterarum rerum studia & doctrina & præceptis & arte constare; poetam natura ipsa valere & mentis viribus excitari & quasi divino quodam spiritu afflari. Quare suo jure noster ille Ennius sanctos appellat poetas, quod quasi Deorum aliquo dono atque munere commendati nobis esse videantur.*

ner que l'envie & l'ignorance, ſes éternelles ennemies, aient voulu dans tous les tems, troubler leurs Concerts par des cris audacieux? Hélas! il n'eſt que trop vrai, les Muſes ont eu chez les anciens, comme parmi nous, des adverſaires implacables, qui non contens de les déteſter eux-mêmes, auraient voulu rendre tous les hommes inſenſibles à leurs charmes. On a toujours vu ces ennemis cruels exciter les ſerpens dont ils ſont armés, à répandre leur venin ſur les Ouvrages des Auteurs & des Artiſtes les plus diſtingués, dans la folle eſpérance de les décourager ou de faire partager au reſte des humains, la haine & la fureur qui les dévorent. Rien ne prouve mieux combien leurs efforts ſont impuiſſans, que de les voir renouveller ſans ceſſe. Loin de détruire les plaiſirs des âmes honnêtes & éclairées, ils les augmentent en rempliſſant les grands hommes d'une ardeur nouvelle, qui les force encore à mieux faire.

Le mérite en repos s'endort dans la paresse,
Mais par les envieux un génie excité
Au comble de son art est mille fois monté,
Plus on veut l'affaiblir, plus il croit & s'élance :
Au Cid persécuté Cinna doit sa naissance. (2)

Dans ces derniers tems, nous avions lû avec le plus grand plaisir le Poëme des *Saisons* de M. de St. Lambert, & la traduction des Géorgiques de Virgile, par M. l'Abbé de Lille. Nous croyons qu'il est peu de lecteurs qui n'aient porté le même jugement que nous de ces deux Ouvrages. Nous n'avions pas hésité de les ranger dans la classe de nos meilleurs Poëmes Français. Nous pensions qu'il y en

---

(2) Boileau Epitre 7.

avait très-peu qu'on dût leur préférer, & notre sentiment nous sembloit confirmé par celui de plusieurs Gens de Lettres qui ont donné dès long-tems des preuves d'un jugement sûr & d'un goût exquis. Nous ne prétendions point par-là que ces Poëmes fussent exempts de quelques legers défauts.

> Quos non incuria fudit
> Aut humana parum cavit natura (3)

Où n'en trouve-t'on pas ? Nous savions qu'il n'est point donné à l'homme de produire des choses parfaites. Alphonse le sage & de grands Philosophes ont bien soutenu que cet Univers, l'Ouvrage de Dieu même, était rempli d'imperfections. Ce serait folie de vouloir que les hommes fissent mieux que la Divinité ; mais enfin, les Poëmes de Messieurs de St. Lambert & Delille, tels qu'ils sont, ex-

---

(3) Horat. de Art. Poet.

citerent notre admiration, & nous parurent faits pour ravir celle de tout homme éclairé & impartial.

Nous avions également rendu justice au mérite de plusieurs autres Ouvrages en vers, moins considérables à la vérité, mais remplis de détails heureux; tels que les Poëmes de *la Déclamation* & de la *Peinture*. Cependant un Novateur inconnu entreprit de changer à cet égard, toutes les idées reçues, dans cette vue il mit au jour, il y a deux ou trois ans, un gros Volume, (4) dont on se souvient à peine. D'après l'idée que nous en avaient donné quelques amis, nous n'avions pas été curieux de le lire ; mais le hazard nous ayant depuis peu

---

(4) *Observations critiques sur la nouvelle traduction en vers français des Géorgiques de Virgile, &c.* volume d'environ 500 pages, rempli d'injures contre MM. Delille, de St. Lambert, Dorat, Wattelet, Lemierre, l'Abbé de Marsy, l'Abbé Aubert, &c.

procuré cet Ouvrage, avec d'autres livres, nous surmontâmes notre répugnance, & nous entreprîmes d'en faire la lecture dans nos momens de loisir.

L'Auteur nous apprend d'abord que les Gens de Lettres qui ont loué les Poëmes dont s'agit, ont tout-à-fait manqué de goût ; où qu'ils ont voulu rendre à M. de St. Lambert & autres, des éloges semblables à ceux qu'ils en avoient reçus. Il s'efforce de prouver, en termes équivalens, qu'il faut n'avoir pas le sens commun pour les trouver admirables. Les endroits les plus beaux sont ceux qu'il se plaît à dénigrer davantage. Il soutient qu'on ne rencontre en général dans ces Poëmes, ni génie, ni intérêt, ni conduite, ni Poésie &c. Les beautés échappent à sa vue, les défauts s'y présentent en foule. Nous n'entreprendrons point de faire voir le peu de solidité des observations de ce critique

critique atrabilaire ; il faudrait un volume aussi épais que le sien, pour les réfuter en détail ; la peine en serait bien inutile. Le Public les a laissé tomber d'elles-mêmes, & n'a pas lû avec moins d'empressement *les Saisons* & *les Géorgiques Françaises*.

Il n'est point étonnant qu'ayant entrepris d'avilir ces beaux monumens à nos yeux, le même critique ait depuis rassemblé toutes ses forces pour dégrader la Henriade, le chef-d'œuvre de notre Poësie. Cela étoit dans l'ordre. Aussi nulle difficulté ne pût l'arrêter dans son projet. Plus de cent éditions connues de ce Poëme épique. (5) Un succès général en France & dans toute l'Europe depuis près de

---

(5) Un Libraire de notre connoissance en a vendu cinq pour sa part, c'est-à-dire, près de dix milles exemplaires depuis quatre ans ; ce qui prouve à quel point les critiques qu'on a faites de la Henriade, ont détrompé le Public sur le mérite de cet Ouvrage.

soixante ans, les traductions multipliées qu'on en a faites dans presque toutes les langues modernes, & même dans les langues mortes, les éloges de tous les bons Poëtes, éloges consacrés par le tems; tout cela parut aux yeux du Critique de faibles obstacles qui ne pouvaient prévaloir contre ses raisonnemens victorieux. N'est-il pas très-possible en effet que la France ait été constamment aveuglée pendant plus d'un demi siecle, & que les Nations étrangeres qui ont admiré ce Poëme, soit dans l'original, soit dans des copies, encore qu'elles fussent dénuées des charmes de la Poësie, ayent toutes manqué de goût & de lumieres, dans le même tems, & sur le même objet? Vous verrez qu'elles se sont donné le mot pour louer des sottises.

Frédéric, Catherine seconde, dont l'Europe admire le génie & les vastes lumieres autant que les actions héroïques, vous avez en vain du faîte de la gloire, tendu une main protectrice au Chantre de Henri, de ce Roi adoré, à qui vous reſſemblez à tant d'égards; en vain vous avez détachés quelques-uns des lauriers dont vous vous êtes couverts, pour lui en former une couronne immortelle. Guſtave, Chriſtian, Poniatowski, vous avez auſſi vainement manifeſté votre goût pour les Arts, votre amour pour la Philoſophie, en donnant ſolemnellement à ce grande Poëte, des marques de votre eſtime & de votre admiration: Staniſlas, Benoit & Clément XIV, Princes à jamais révérés des ſages, vous l'honorâtes à tort de votre approbation & de vos ſuffrages; & vous Louis, qui vous crûtes heureux de pouvoir compter au nombre de vos ſujets un homme qui fera tant d'honneur à ſon ſiecle dans la poſtérité, & qui le choiſites pour l'historien de votre regne, vous vous l'êtes abusivement attaché par des récompenses, des honneurs, des distinctions particulieres. Apprenez tous, ô Monarques aveuglés, apprenez de nos Littérateurs nouveaux, que vos faveurs les plus précieuses devaient être réservées à des gens de leur espece, que vous vous êtes deshonorés (à leurs yeux sans doute) en les accordant au plus grand des Poëtes, & que ce qui fut constamment l'objet de votre affection & de vos éloges, ne dût l'être que de vos mépris. (6)

Cependant la critique de la Henriade fit si peu de sensation dans la république des lettres, elle fut oubliée

---

(6) En écrivant ceci nous apprenons que Louis XVI, qui depuis son avénement au Throne, ne cesse de chercher & de récompenser le vrai mérite, vient de mettre le comble à la gloire de M. de Voltaire, en répandant sur lui & sur ses Vassaux, les graces les plus honorables. Quel ami des Lettres & de l'humanité pourrait apprendre cet événement avec indifférence !

si promptement, que des Auteurs de la même trempe que leur malheureux devancier, jugerent à propos de la renouveller tout récemment, sous le titre de *Commentaires*; ils crurent qu'en la préfentant fous une autre face, & fur-tout en l'ornant d'une gravure, fuivant l'ufage, ils pourraient féduire encore quelques idiots. On n'ignore pas que Zoïle, jadis fatyrique de fon métier, Zoïle, dont le nom eft devenu un opprobre, fit auffi de beaux Commentaires où il dénigrait l'Iliade & l'Odiffée, ces éternels monumens du génie des Grecs; il eut même l'impudence de les préfenter au Roi d'Egypte, qui, pour prix de fa téméraire audace, le fit, dit-on, écorcher tout vif: cela eft un peu dur, il faut l'avouer; on eft aujourd'hui plus humain. Ce n'eft pas que les Rois ne déteftent autant que Ptolomée les détracteurs des grands hommes, mais ils se contentent de les abandonner au mépris des nations, & laissent à la postérité, le soin de sévir plus rigoureusement contre leur mémoire. Au reste Ptolomée par ce traitement sévere, épargna à Zoïle une fin plus cruelle encore, il l'empêcha de mourir de faim. Cet homme bas crut s'excuser en disant que chacun vivant de son savoir-faire, il se trouvait dans la nécessité de médire & de calomnier pour sa subsistance. Le Roi lui répondit qu'il était étonnant qu'en se disant beaucoup plus savant qu'Homere, il ne pût pas honnêtement se nourrir lui-même, tandis qu'Homere, mort depuis tant de siecles, faisait vivre encore des milliers de personnes. On sait en effet, qu'avant la naissance de la Tragédie chez les Grecs, beaucoup de gens gagnaient leur vie en allant de ville en ville réciter les poésies d'Homere dans les places publiques & chez les particuliers.

C'est dans une circonstance à peu près semblable, que l'Abbé Desfontaine, tancé par le Duc d'Orléans, Régent, sur son penchant à la satyre, lui disait: Monseigneur, il faut bien que je vive! Je n'en vois point la nécessité, dit le Prince; & cependant on se contenta de le mettre à Bicêtre, ce qui ne le rendit pas plus sage.

Quelques que soient les clameurs de l'envie & de l'ignorance, la mémoire du Chantre de Henri & celle du Chantre d'Achille, n'en seront pas moins cheres à nos derniers neveux; leurs vers seront lus & retenus tant qu'il y aura du goût sur la terre; leurs noms iront ensemble à l'immortalité. *Il ne manque à l'Auteur de la Henriade*, disait l'Abbé de la Porte, *que quelques siecles de* plus pour être placé à côté de *Virgile* & *d'Homere*. (7) Les ennemis de ces grands hommes vivront aussi dans la mémoire, mais ce sera pour être à jamais en exécration à tout le genre humain ; leurs noms seuls se perpétueront d'âge en âge, chargés de la haine publique ; car leurs méprisables satyres, loin de passer à la postérité, tombent en naissant dans l'éternel abyme de l'oubli ;

Souvent un même jour les voit naître & mourir.

Tel fut le sort du volume de critique dirigé principalement contre

─────────

(7) Il s'est mis à côté de l'Ariofte dans un autre Poëme, non moins fameux que la Henriade. Dans l'édit. in-4º ce Poëme a 21 chants, nous voudrions qu'il en eût 24, ce qui formerait un tout plus régulier ; il serait facile à l'auteur de les porter à ce nombre en y ajoutant quelqu'épisode intéressant. A l'égard de la Henriade, il y a long-temps que les gens d'un goût sûr en ont porté le même jugement que l'Abbé de la Porte, & il n'appartient qu'à eux seuls de pressentir celui de la postérité.

Messieurs de St. Lambert & Delille. La confiance de son Auteur, quelque grande qu'elle fut, ne nous en imposa pas & ne dut en imposer à personne. Nous crûmes qu'il fallait examiner ses raisons, & les discuter; nous redoublâmes d'efforts pour aller jusqu'au bout du livre, dans l'espérance que nous trouverions à la fin quelques observations curieuses & instructives; nous pensions nous éclairer, mais nous fumes malheureusement convaincus que la passion seule l'avait dicté; nous vîmes que presque toutes les critiques dégénéraient en chicanes minutieuses, & que le maugoût ou la mauvaise foi y regnait d'un bout à l'autre. On semble y avoir pris pour devise une maxime entiérement opposée à celle d'Horace, qui n'était point choqué de quelques legeres fautes dans un ouvrage qui étincelait d'ailleurs de grandes beautés:

Ubi plura nitent in carmine non
ego paucis
Offendar maculis.

Avec la méthode de l'auteur il serait facile de composer plusieurs gros volumes de critiques sur les meilleures Tragédies de Racine. Un homme d'esprit nous a même donné un essai de ce genre, où il prouve qu'il y a plus de trente fautes dans les vingt premiers vers d'Athalie. Il a voulu démontrer par-là qu'il n'y a rien de si beau que l'envie & l'ignorance ne puissent empoisonner, & qu'il est facile de tourner tout en ridicule.

La critique est aisée & l'art est difficile. (8)

Ce qui paraît avoir le plus offensé le critique dans le Poëme *des Saisons*,

---

(8) Mô meistai men radion einai, mi meistai de Chalepon. *Opus alienum reprehendere facillimum esse scimus, at non perinde facile aliquid simile aut præstantius confiteri.*

c'est l'endroit où M. de St. Lambert, après avoir fait l'énumération d'une partie de nos richesses littéraires & chanté le bonheur qu'ont répandu sur ses jours les travaux des Écrivains célèbres, rend en très-beaux vers, un tribut d'éloges & de reconnaissance à M. de Voltaire.

Nous transcrirons ici ce passage en entier, persuadé que tout lecteur qui a un peu de goût & de sentiment ne sera pas fâché de le revoir;

Du plus grand de nos Rois le Chantre harmonieux,
Remplirait seul mes jours d'instans délicieux.
Vainqueur de deux Rivaux qui regnaient sur la scène,
D'un poignard plus tranchant il arma Melpomène:
De la crédule histoire il montra les erreurs,
Il peint de tous les tems, les esprits & les mœurs:

Que n'a-t-il point tenté dans sa carrière
  immense?
Lui seul réunit tout, la force & l'abondance,
Le goût, le sentiment, les graces, la
  gaieté;
Le premier de son siecle, il l'eut encore été
Au siecle de Léon, d'Auguste & d'A-
  lexandre.
Je ne puis plus, hélas! ni le voir ni
  l'entendre,
Perdu pour ses amis il vit pour l'univers,
Nous pleurons son absence en répétant
  ses vers.
Je lui devrai du moins de vivre avec
  moi-même,
Et de nourrir en moi le goût des Arts
  que j'aime:
A ce grand homme encor je devrai des
  plaisirs. (9)

Il était naturel que celui qui ra-
vale autant qu'il peut les gens de

―――――――――――――

(9) Poëme des Saisons. Chant IV. Voyez
les notes sur cet endroit.

lettres.

Lettres qui s'exercent aujourd'hui avec le plus de succès dans l'art brillant, mais difficile des vers, ravalât avec plus d'acharnement encore, celui qu'ils regardent tous comme leur Capitaine. Aussi l'occasion parut-elle heureuse au Critique pour tomber à la fois sur M. de St. Lambert & sur M. de Voltaire. Il se garda bien de la laisser échapper ; il faut l'entendre se récrier sur ce vers :

Vainqueur des deux rivaux qui régnaient sur la scène.

Au blasphême Littéraire ! à l'héréſie !

Mais qu'a donc ce jugement de si étrange pour que l'on doive ainſi se récrier ? L'opinion de M. de St. Lambert n'est point unique ; elle n'est point nouvelle, ainsi que nous le prouverons bientôt. C'est un sentiment, comme il le dit lui-même avec raison, *plus répandu qu'avoué*, tant

C

le préjugé contre les Auteurs vivans a de force encore sur les esprits les mieux faits & les maîtrise sans qu'ils s'en apperçoivent. Il est certain que beaucoup de Gens de Lettres, pensent à cet égard comme M. de St. Lambert, quoiqu'ils n'aient pas manifesté leur opinion dans leurs Ouvrages. On peut sans scrupule être de leur avis. D'après l'examen impartial de toutes les pieces de théatre de nos trois prémiers Auteurs tragiques, (10)

(10) Nous rendons justice au mérite distingué de M. de Crébillon, mais nous sommes loin de penser qu'il doive être mis au prémier rang des Auteurs tragiques, à côté de Corneille, de Racine & de M. de Voltaire. L'article seul du stile suffirait pour justifier notre sentiment. Ce n'est que dans quelques livres nouveaux qu'on trouve son nom associé aux leurs & sur la même ligne, ce qui donne à entendre qu'on le regarde comme leur égal. Nos prédécesseurs mettaient entre eux une grande différence. Il nous paraît qu'il suffit à la gloire de M. de Crébillon d'occuper seul le second rang & de laisser une grande distance entre lui & les Auteurs qui se sont distingués depuis dans le même Art; on pourrait encore les diviser en plusieurs classes; & quant aux jeunes gens qui le cultivent à présent, nous nous

après en avoir mûrement pesé le mérite, considéré le nombre & la variété, & balancé les divers avantages, nous croyons qu'il est impossible de ne pas regarder M. de Voltaire comme un homme plus étonnant & plus grand que Corneille & que Racine même dans l'Art Dramatique. On pourrait nous dire, comme on l'a fait à M. de St. Lambert, qu'il ne suffit pas d'exposer en bref sa façon de penser; mais qu'il faudrait la justifier par des raisons amplement détaillées, & démontrer par des preuves sans réplique, la vérité d'une pareille assertion. Nous répondrions que ce n'est point ici le moment de le faire, & qu'il serait trop long de déduire les motifs qui déterminent notre jugement; ils pour-

abstiendrons de prononcer entre eux, & nous laisserons au Public éclairé le soin de leur assigner la place qui leur convient.

raient seuls fournir la matière d'un livre intéressant & très-utile aux jeunes gens qui veulent courir la carrière dramatique. Quels fruits ne retireraient-ils pas d'un tableau raisonné des progrès de l'Art Tragique, entre les mains de Corneille, de Racine & de M. de Voltaire? Où l'on discuterait avec goût, les beautés qui leur sont particulieres, les avantages qu'ils ont eu en commun; où l'on ferait voir ce qu'ils ont emprunté des Grecs (11) & des

---

(11). Les Latins sont restés fort au-dessous des Grecs dans l'Art Dramatique; de l'aveu des Romains, Accius & Pacuvius n'approchaient pas de Sophocle & d'Euripide, ni Térence de Ménandre. Il paraît que les deux meilleures Tragédies latines étoient le *Thieste* de Varius & la *Médée* d'Ovide. Quintilien en fait l'éloge; *Varii Thiestes cui libet Græcorum comparari potest*: dit-il, & il ajoute *Ovidii Medea videtur mihi ostendere quantum vir ille præstare potuerit, si ingenio suo temperare quam indulgere maluisset.* L'auteur du livre très-ancien de *Causis corruptæ Eloquentiæ*, dit aussi, *nec ullus Asinii aut Messalæ liber tam illustris est quam Medea Ovidii.* Mal-

peuples modernes, en quoi ils les ont surpassés; où l'on établirait surtout d'une maniere convaincante, que ces grands hommes, ainsi que les anciens, n'ont produit des chefs-d'œuvre qu'autant qu'ils se sont proposé pour modèle la belle nature, dont on affecte aujourd'hui plus que jamais de s'écarter en tout genre.

---

heureusement il ne nous reste de ces deux Tragédies que ce vers de *Thieste* prononcé par Atrée :
 Jam fere infandissima jam facere cogor.
Et ceux-ci de *Médée* :
 Feror huc & illuc ut plena deo.
 Servare potui perdere an possim rogas ?
Les seules Tragédies de Séneque le Philosophe sont parvenues entieres jusqu'à nous; l'on y rencontre plus souvent le déclamateur que le grand Poëte, l'on y découvre le même esprit & les mêmes défauts que dans ses autres ouvrages. On ne les aurait point attribuées à son Pere le Rhéteur, ou à quelqu'autre Séneque, si l'on avait bien remarqué que Quintilien ne parle que d'un seul Auteur de ce nom, lequel s'était exercé dans presque tous les genres de Littérature. *Tractavit omnem fere studiorum materiam, nam & Orationes ejus & Poemata & Epistolæ & Dialogi feruntur, &c.* Quintil. lib. 10. cap. 1

Le goût s'enfuit, l'ennui nous gêne,
On cherche des plaisirs nouveaux ;
Nous étalons pour Melpomène
Quatre ou cinq sortes de tréteaux
Au lieu du Théatre d'Athene.

On croit nous faire oublier les Tragédies des grands Maîtres, par des Tragédies Bourgeoises, par des Drames remplis d'atrocités ou de détails bas & insipides, par des Scênes Lyriques d'un genre plus que singulier, où l'Auteur & l'Acteur *exaltent* à l'envi leur ame; enfin par des Tragédies en quatre Actes ou en six Actes. (12) On remplace les Comé-

---

(12) Pourquoi se soustraire aux règles établies dans les siècles du génie, & dont on ne s'est écarté que dans les siècles barbares ? Règles fondées d'ailleurs sur la connaissance du cœur humain, qui ne veut être ému que jusqu'à un certain point & dans un tems limité : *est modus in rebus sunt certi denique fines ultraque citraque nequit consistere rectum.* J'aimerais autant qu'un Architecte abandonnât les principes des Grecs & changeât la proportion des colonnes sous prétexte que son bâtiment ne serait

dies des Moliere, des Regnard, des Détouches; par des Comédies en prose, où l'esprit tient lieu de naturel, les imbroglios d'intrigues, les antithèses & les pointes de sel attique;

Ce style figuré dont on fait vanité
Sort du bon naturel & de la vérité;
Ce n'est que jeu de mots, affectation
  pure,
Et ce n'est point ainsi que parle la
  nature.
Le mauvais goût du siecle en cela me
  fait peur. (13)

L'on voudrait envain se dissimuler cette décadence du goût, qui paraît nous menacer de la chûte prochaine des beaux Arts en France. Toutes les

---

pas moins régulier & moins solide, s'ils les faisait plus épaisses & moins hautes. Les Comédiens, dans le bon tems, n'auraient pas même reçu toutes ces nouveautés bizarres qu'ils représentent aujourd'hui, & pour lesquelles ils négligent de bonnes Pièces; ô Tempora!.

(13) Moliere, Misanth. Act. I.

vues semblent rétrécies, & nos idées aussi petites qu'elles étaient grandes autrefois. Le beau simple, le vrai beau n'est plus de saison & ne donne que de l'ennui ; la nouveauté & la singularité emportent seules tous les suffrages. S'il existe un Poëte, un Littérateur, un Musicien, un Peintre, un Architecte, un Acteur fidèle aux bons principes & capable de reculer la perte de son art, on voit de ses confreres soulever contre lui la Cabale, le décourager par des satyres aussi injustes que ridicules, & s'efforcer de le réduire à l'inaction, dans la crainte sans doute que la comparaison de ses talens n'ouvre enfin tous les yeux sur la pauvreté des leurs. Il en est de même dans les choses de moindre importance. Rien n'est bon aujourd'hui s'il n'est emprunté des étrangers à qui nous nous piquions de servir autrefois de modèles en matière de goût. Parcourez l'empire de la mode depuis les jardins à la chinoise ou à l'anglaise jusqu'aux coëffures des femmes, qui s'imaginent donner le bon ton, que d'objets ridicules ne s'offriront-ils pas à vos yeux ? La beauté même ne craint point de se déguiser & de s'enlaidir, pour se faire remarquer. On détruit aussi les justes proportions du corps humain ; on veut veut faire mieux que la Nature. Adieu les régles du Dessein ; nous ne dirons plus avec les Grecs, car tous nos Arts viennent d'eux, qu'il faut sept *têtes* & trois parties de proportion à une belle personne, comme on le voit dans leur Vénus à Florence. Aujourd'hui la tête d'une jolie femme avec les alentours compose environ la moitié de tout l'individu ; le visage en est la moindre partie ; il ressemble à ceux de ces Chérubins que les Peintres laissent à peine entrevoir au milieu d'une groupe de nuages.

Au reste, si tous les gens d'un goût sûr & exercé conviennent de cette décadence générale, le Public ne doit s'en prendre qu'à lui-même, comme l'observe l'Auteur du Journal Encyclopédique (Octobre, 2me vol. pag. 333,) puisqu'on le voit dans tous les Arts, élever aujourd'hui des Pigmées à la hauteur des plus grands hommes, & prouver par les applaudissemens excessifs qu'il prodigue à la médiocrité, qu'il a tout-à-fait perdu le goût du grand & du beau. (14) Alceste ne manqueroit pas de lui dire:

––––––––––

(14) Pour prouver ce qu'on avance, on entrera dans quelques détails touchant la Poésie & la Musique. Quant à l'Art Déclamatoire, il suffit de rappeller le succès inouï de quelques Acteurs en qui l'affectation, les grimaces, des tons & des gestes d'énergumènes tenaient lieu de noblesse, de chaleur & de vrai talent. Ils trouvaient le secret de rendre inutiles les moyens que leur avait départi la nature. Cependant l'enthousiasme le plus aveugle les élevait déjà au-dessus des Le Kain & des Clairon. Mais que ceux-ci sont loin d'être remplacés ! Au reste, ce ton précieux & maniéré, ce persi-

L'Ami des Arts.

Eh quoi vil complaisant, vous louez des sottises !

mais il ferait mieux de gagner son désert, & d'y cultiver en paix son jardin. Sa sincérité pourrait lui attirer encore de fâcheuses affaires sur les bras.

Si l'on demande d'où vient cette dégradation générale des esprits & des talens, on répondra par la voix d'un homme célèbre qui semble en

---

flage, ces bégayemens ridicules ; ces convulsions sont devenues un mal presque général aux Théatre de Paris. On est forcé de convenir qu'il y a actuellement dans les Provinces des sujets qui s'approchent plus de la belle nature, & par conséquent de la perfection que ceux de la Capitale, parmi lesquels il s'en trouve à peine trois ou quatre que le mauvais goût qui les environne n'a pu corrompre.

Dans l'Architecture on admire des colifichets, & la superbe Eglise de Ste. Géneviève attire à son Auteur autant d'ennemis que le malheureux Baléchou s'en était fait autrefois par ses belles gravures.

Quant à la docte & sublime Peinture, on l'abandonne pour des petits sujets galans & des bambochades. Le Brun, Le Moine, Le Sueur, ne sont point remplacés.

avoir indiqué les véritables raisons en très-peu de mots, » il y aura toujours » en France, dit-il, des esprits cul- » tivés & des talens, mais tout étant » devenu *lieu commun*, tout étant » problématique à force d'être discu- » té; l'extrême abondance & la fa- » tiété ayant pris la place de l'indi- » gence où nous étions avant le grand » Siècle; le dégout du Peuple succé- » dant à cet ardeur qui nous animait » du tems des grands hommes, la » multitude des journaux & des bro- » chures & des Dictionnaires saty- » riques, occupant le loisir de ceux » qui pourraient s'instruire dans » quelques bons livres utiles, il est » fort à craindre que le goût ne reste » chez un petit nombre d'esprits » éclairés, & que les Arts ne tombent » chez la Nation.

» C'est ce qui arriva aux Grecs, » après Démosthène, Sophocle &

Euripide

» Euripide. Ce fut le fort des Ro-
» mains, après Cicéron, Virgile &
» Horace; ce sera le nôtre. Déja pour
» un homme à talens qui s'éleve,
» il sort de dessous terre mille demi
» talens qu'on acceuille pendant deux
» jours, qu'on précipite ensuite dans
» un éternel oubli, & qui sont rem-
» placés par d'autres éphémères. On
» est accablé sous le nombre infini
» de livres faits avec d'autres livres;
» & dans ces nouveaux livres inuti-
» les, il n'y a rien de nouveau que
» des tissus de calomnies infâmes
» vomies par la bassesse contre le
» mérite.

» La Tragédie, la Comédie, le
» Poëme Epique, la Musique, sont
» des Arts véritables. On nous pro-
» digue des leçons, des discussions
» sur tous ces Arts: mais que le
» grand Artiste est rare! « (15)

---

(15) Préface des Loix de Minos, Tragédie.

Ajoutons à ces réflexions d'un homme de génie, que la décadence & la corruption de la langue pourraient bien suivre celle du goût, ce qui serait un malheur non moins à craindre. On trouve déja de toutes parts des tours de style singuliers, des expressions nouvelles & bizarres. Dans les dernieres éditions de nos meilleurs Poëtes, on se permet de changer ou de supprimer des phrases entières, surtout dans Corneille & dans Molière. Les Editeurs, disent pour se justifier, que les mœurs & les usages ont changé, & ils ne font pas attention qu'un des principaux avantages des ouvrages dramatiques, & particuliérement de la Comédie, est de peindre fidélement les mœurs & les usages du tems où l'Auteur écrivait, & de les transmettre à la postérité. L'on ose même déja corriger certaines expressions de Racine. Il est heureux que les ouvrages des siècles de Periclès & d'Auguste soient parvenus dans toute leur pureté jusqu'au quinzieme siècle sans le secours de l'Imprimerie. Si les beaux esprits de la basse latinité avaient changé de siècle en siècle dans leurs manuscrits, les expressions des plus excellens auteurs Grecs & Latins, à mesure qu'elles tombaient en désuétude, les beautés de ces langues admirables qui font encore les délices du monde, auraient été perdues pour nous. Démosthène & Cicéron seraient sans force, Homère & Virgile, Sophocle & Euripide sans génie & sans harmonie, Anacréon & Théocrite, Horace, Ovide & Tibule sans grace & sans délicatesse; il ne nous resterait que leur ombre. On sait que les langues vivantes, sont sujettes, ainsi que toutes les choses humaines, à des vicissitudes sans nombre.

> Verborum vetus interit ætas
> Et juvenum ritu florent modo nata
> vigentque.
> . . . .
> Multa renascentur, quæ jam cecidere,
> cadentque
> Quæ nunc sunt in honore, vocabula.

Comme dit Horace. Mais nous sommes persuadés que lorsque plusieurs hommes de génie les ont fixées, pour ainsi dire, par leurs chefs-d'œuvre, il est possible de les maintenir longtems dans leur intégrité. Personne n'est plus à même de les préserver de la corruption que les Académies. C'est un avantage que nous avons sur les Anciens. Si les Romains avaient institué dans les différentes Provinces de l'Empire des corps littéraires toujours subsistans, pour étendre & perpétuer la connaissance de leur langue, elle serait devenue générale, & l'irruption des barbares n'y aurait apporté peut-être qu'un changement momentané. La politique même devait les engager à établir des écoles publiques & gratuites, où les enfans de leurs nouveaux sujets, en apprenant la langue des Romains, se feraient auſſi appropriés inſenſiblement leurs mœurs, leurs uſages, leur diſcipline; bientôt on n'aurait plus diſcerné l'Ibère du Gaulois, le Germain du Breton. Les extrémités de l'Empire réunies entre elles & rapprochées du centre par tous les liens qui uniſſent les hommes, n'auraient formé avec lui qu'un corps robuſte, dont il eut été beaucoup plus difficile de déchirer ou de ſéparer les membres. Mais les Romains ſe repoſant ſur la force de leurs armes, ne ſongeant qu'à faire de nouvelles conquêtes, s'occupèrent peu des moyens de les conſerver. Ils laiſſerent ſubſiſter dans les Provinces qui leur étaient ſou-

mises, leurs langages particuliers, &
les habitans du nord venant dans
la suite y mêler leur idiome Scythe,
Slavon ou Tudesque, il en résulta
les différentes langues modernes qui
se sont à leur tour perfectionnées sous
la plume des habiles écrivains. Aujourd'hui que le midi des Arts a
lui sur la France, que des chefs-
d'œuvre de toute espèce ont rendu
sa langue la première des langues
vivantes, c'est aux Gens de Lettres
distingués, & sur-tout aux Académies, à entretenir l'édifice érigé par
le génie de Louis XIV; ils doivent
sans cesse le défendre contre la barbarie qui cherchera à s'en emparer
par force ou par adresse. Tel doit
être le but de leurs efforts. Loin de
souffrir qu'on touche au style de
nos grands hommes, ils doivent par
leurs préceptes & leurs exemples y
ramener continuellement ceux qui

voudraient s'en écarter. Malheur à la nation si la langue des Racine, des Boileau, des Fenelon, des Bossuet, des Voltaire, des Dalembert, des Buffon, devenait inintelligible à nos neveux.

Les mêmes causes physiques & morales qui depuis plusieurs années avaient étendu l'empire de l'Egoïsme en France, augmenté la corruption des mœurs, porté le découragement & l'inertie, dans tous les membres du corps politique, & comblé le malheur général, n'auraient-elles pas influé aussi sur le goût & l'esprit de la nation ? Si cela est, espérons du moins que le beau jour dont l'aurore nous console, réparera tout.

Publica virtuti per mala facta via est. (16)

Jamais regne ne commenca sous de

---

(16) Ovid. Eleg.

plus heureux auspices; ce sera celui de la bienfaisance & de la vérité.

> Magnus ab integro sæclorum nascitur ordo
> Jam redit & virgo, redeunt Saturnia regna. (17)

C'est dans ces circonstances que les corps académiques & les écrivains illustres doivent sur-tout seconder l'influence du gouvernement éclairé sous lequel nous vivons, en ranimant dans tous les esprits l'amour du vrai, du grand & du beau. Ce sera le moyen de voir renaître le goût prêt à s'éteindre, & refleurir les Arts parmi nous.

L'Art Dramatique en particulier est digne de leur attention. Il est en possession de faire les délices des grands, des hommes d'état, des gens éclairés chez toutes les nations

---
(17) Virg. Eglog.

florissantes; (18) la France qui a eu la gloire de le porter à sa perfection

---

(18) Nous ignorons sur quoi est fondée la délicatesse des Magistrats qui ne se permettent pas d'assister à nos spectacles. Les fonctions honorables & pénibles de la Magistrature, demandent plus qu'aucune autre, d'être suspendues par quelques heures de délassement honnête, & il nous paraît qu'il n'en est point de plus noble & de plus utile pour tout homme qui pense que la représentation de nos chefs-d'œuvres dramatiques. On voit tous les jours des Abbés aux spectacles & leur présence n'y cause pas le moindre scandale, des Prélats même ont crû quelquefois pouvoir y assister sans se compromettre, sur-tout à la Cour, & c'est une chose très-commune de les y voir en Italie; nous concevons bien qu'au temps des Baïf & des Jodelles, lorsque des baladins représentaient sur leur tréteaux des farces dissolues où nos Mystères travestis en mascarades, les gens en place devaient fuïr de tels spectacles, tolérables tout au plus pour la populace; mais ces raisons ne subsistent plus. Nos bons Auteurs ont épuré le Théatre & il est devenu entre leurs mains, l'école de la vertu comme il l'était autrefois du vice. Quant à l'excommunication des Comédiens, nous ne voyons pas pourquoi elle tombe sur ceux du Roi de France & non sur ceux du Pape: les motifs qui ont pû la faire porter autrefois ne subsistant plus, il y a long-temps que cette contradiction ne devrait plus être au nombre de celles qu'on nous reproche. Pourquoi avilir un art très-difficile & qui contribue à nos plus doux amusemens?

avant tous les peuples modernes, eſt intéreſſée à le maintenir dans ſon éclat, & doit être jalouſe de conſerver la ſupériorité de ſon théatre ſur ceux de toute l'Europe. Les jeunes gens qui cultivent ce premier des Arts, & qui montrent du talent, ont des droits à notre indulgence; encourageons-les, loin de les rebuter par des critiques injuſtes & des ſatyres perſonnelles. On peut, ſans amertume leur donner des conſeils utiles, les ramener aux bons principes lorſqu'ils s'en écartent, & leur remettre ſous les yeux les modèles qu'ils doivent imiter. Nous l'avons déja dit; nous déſirerions pour le maintien de l'Art, qu'un habile homme voulut entreprendre un parallèle ſuivi & raiſonné des ouvrages de nos premiers Auteurs dramatiques dans les différens genres. Ce livre, tel que nous le ſuppoſons, ſerait une ſource pure &

intarissable où les jeunes gens iraient puiser les règles de l'art & se former le goût.

On pourrait, après l'avoir lû, décider lequel de nos trois principaux Auteurs Tragiques a réuni dans ses pièces le plus de mérites différens, & celui là devrait occuper la première place, ou si l'on veut, devrait être regardé comme le *primus inter pares*. M. de St. Lambert avant de donner la préférence à M. de Voltaire sur Corneille & Racine, a dû faire un semblable examen; il a dû réfléchir long-tems sur les ouvrages de ces trois grands hommes avant de les apprécier, & les notes imprimées à la suite du Poëme des *Saisons*, ne permettent pas de douter qu'il ne l'ait fait. Si ces notes sont courtes & précises, c'est que l'Auteur n'en voulait pas faire des dissertations, & qu'il était persuadé qu'il lui suffisait d'indiquer ses raisons en peu de mots, pour qu'on ne l'accusât pas d'avoir prononcé sans connaissance de cause.

Il est tems de prouver par des témoignages, que tout homme juste ne récusera pas que le sentiment de M. de St. Lambert n'est point aussi nouveau qu'on a voulu nous le faire entendre, afin de le mieux décrier; faisons voir qu'il y a plus de quarante ans que des connaisseurs mettaient déja M. de Voltaire au niveau de Corneille & de Racine, & que l'estime que l'on faisait paraître alors pour ses ouvrages, n'était point un titre pour être attaqué indécemment & insulté par les Ecrivains les plus obscurs. Voyons l'idée qu'avaient de M. de Voltaire vers l'année 1730, des Auteurs distingués dans la république des lettres. Laissons-les parler eux-mêmes, dûssions-nous paraître un peu longs dans nos citations. Si tant de critiques se permettent d'enfler leurs énormes compilations, en entassant injures sur injures, ignorances sur ignorances, pour dénigrer les grands hommes & en *faire justice*, à ce qu'ils disent, *aux yeux de l'univers* ; le Lecteur indulgent nous pardonnera d'employer quelques pages à leur justification. Peut-être même les vrais amateurs des lettres nous sauront gré de nos efforts. Il nous eût été facile de composer des volumes d'éloges encore plus gros que les volumes de satyres dont on est accablé, en compilant dans cent Auteurs les jugemens favorables qu'ils ont porté des ouvrages de M. de Voltaire. Mais à Dieu ne plaise que nous soyons aussi prolixes que nos fameux Aristaques, & que nous nous exposions, comme eux, au malheur de n'être point lus. Qu'il nous suffise, pour remplir notre promeſſe & diſculper entiérement M. de St. Lambert, d'emprunter la voix de quelques Ecrivains non ſuſpects.

Expoſons d'abord le ſentiment de feu l'Abbé Prévoſt ſur le mérite des ouvrages de M. de Voltaire à l'époque indiquée. Cet Abbé a donné des preuves ſuffiſantes de ſon goût & de ſes connaiſſances littéraires dans un grand nombre d'écrits eſtimés, de différens genres. Prenons ſon journal intitulé *Pour & Contre*, & voyons ce qu'il dit à l'occaſion du *Temple du Goût* qui avait paru en 1732, & dont l'Auteur ne s'était pas nommé. (19)

» Ouvrons le *Temple du Goût*, &
» liſons ce qui tombera d'abord ſous

---

(19) Année 1733, nombre 8. C'eſt une converſation enjouée & très-agréable entre une Dame & l'Auteur. Nous n'en copions que la fin pour abréger.

» nos yeux. C'est le portrait du dieu
» même qu'on adore dans ce sanc-
» tuaire. Eh bien, Madame, croyez-
» vous qu'on puisse s'y méprendre?
» Connoissez-vous quelqu'un avec
» M. de Voltaire qui ait l'imagina-
» tion si belle, le tour d'expression
» si noble, si aisé, le pinceau si fin,
» si riant, si fécond? Remarquez
» s'il vous plaît le mot de *pinceau*
» que je n'employe pas sans dessein.
» La Peinture, dit-on, est sœur de
» la Poésie, mais il semble que M.
» de Voltaire les rapproche encore
» plus, ou qu'il n'en fasse qu'une
» même chose. Je ne sais par quel
» charme tous ses vers se changent
» en autant d'images. C'est une il-
» lusion qu'il fait à l'esprit, [20]

---

[20] „ Hor cio che sia? Forse prestigi
„ Son quelli? ô di natura alti prodigi?
(Il Tasso.)

» malgré le témoignage des yeux.
» On ne lit pas simplement, on voit
» ce qu'il écrit, & l'on jouit tout
» ensemble de ce qu'il y a de plus
» délicieux dans la Poésie & dans la
» Peinture. Relisez toute la piéce,
» vous verrez regner la même déli-
» catesse & le même goût. Si vous
» joignez à cela un jugement tou-
» jours épuré, une critique juste
» quoique hardie, qui non seulement
» distingue le mérite à coup sur,
» mais qui sait en apprécier tous les
» dégrés; vous conviendrez, Mada-
» me, que le nom de M. de Vol-
» taire n'aurait pas mieux servi que
» tous ces traits, à le faire recon-
» naitre pour l'auteur de son ouvra-
» ge. «

L'Abbé Prévost continue ainsi dans la feuille suivante (nomb. 9.)

» Ceux de mes Lecteurs qui ont
» du goût pour les belles choses, &

» qui souhaitent de connaître plus
» particuliérement M. de Voltaire
» par ses écrits, ne me sauront pas
» mauvais gré que je reprenne ici
» le fil de mon discours sur le *Temple du Goût* & sur son Auteur.
» Voici donc comme je continuai:

» Puisque le *Temple du Goût* est
» devenu peu à peu l'unique sujet
» de notre entretien, je vous dirai,
» Madame, que quand l'auteur au-
» rait pû réussir à déguiser les gra-
» ces de son style & de son ima-
» gination, il y a ici quelque chose
» de personnel qui n'aurait pas man-
» qué de le trahir. Vous avez lû tout
» l'ouvrage, n'est-ce pas ? Et vous
» n'y avez point remarqué un seul
» mot qui regarde M. de Voltaire ?
» Preuve infaillible qu'il est sorti de
» sa plume. Vous savez, Madame,
» qu'on demanda un jour à Scipion
» l'Africain, quel était le plus grand

» Capitaine de son siècle ? Il répondit
» qu'Annibal était le second. Sa mo-
» destie ne lui permettant pas de se
» mettre à la première place, ni le
» sentiment de son propre mérite de
» la céder à un autre. M. de Vol-
» taire a fait plus ; il a distribué les
» places & les rangs de son Temple,
» sans songer à lui-même. Je vous
» laisse à penser si tout autre l'eût
» exclus de ce beau séjour ou l'eût
» laissé dans l'oubli.

» Mais dans quel rang, interrom-
» pit-elle, croyez-vous qu'on l'eût
» placé ? De bonne foi, Madame,
» répondis-je en riant, j'ai si peu
» d'accès dans cet auguste temple,
» que j'en connais mal l'ordre & la
» situation ; à mon avis, M. de Vol-
» taire aurait bien fait de se placer
» sans façon, ou du moins de laisser
» une place à remplir, comme Sci-
» pion, & nous aurions fort bien

» compris ce que sa modestie l'eût
» empêché de nous dire. Cependant
» si je n'ose vous donner mes pro-
» pres idées comme une règle, je
» puis du moins vous apprendre le
» sentiment d'une infinité de bons
» juges avec lequel le mien s'accorde.

» Jusqu'à présent M. de Voltaire
» a paru composé de quatre ou cinq
» sortes d'esprits différens, ainsi ce
» n'est pas une seule place qu'il lui
» faut dans le *Temple du Goût*.

» Pour l'Auteur de la *Henriade*
» rien n'est si facile que lui en trou-
» ver une, il y sera même fort à
» son aise, car il n'a point à crain-
» dre d'y être serré de trop près par ses
» rivaux. Avant la naissance de cet
» incomparable ouvrage, on avait
» désespéré de voir jamais dans notre
» langue un Poëme Epique si parfait;
» aujourd'hui ce n'est plus la langue
» qui fait désespérer d'en voir un se-

» cond. C'est la beauté inimitable du
» premier; (21) ainsi voilà M. de Vol-
» taire non-seulement en possession du
» plus haut rang, mais seul & comme
» inaccessible dans ce poste là.

» Il se rapproche des autres hom-
» mes dans ses ouvrages de théatre.
» S'il a réussi avec distinction dans
» plusieurs piéces, c'est sans effacer
» ses prédécesseurs & sans faire per-
» dre l'espérance à ses rivaux. Ose-
» rai-je ici hazarder mon sentiment
» particulier ? Il s'élève plus que Ra-
» cine, mais il est moins tendre &
» moins gracieux: il a plus de gra-
» ces & de tendresse que Corneille,
» mais avec moins d'élévation. Il me
» semble donc qu'on peut marquer

---

(21) Que ce discours forme un beau contraste avec ceux de nos Satyriques modernes qui veulent refaire la Henriade, & qui ne rougissent pas d'oser substituer leurs idées & leurs vers à ceux de M. de Voltaire. Eh quelles idées encore ! & quels vers !

» sa place entre ces deux grands hom-
» mes, avec lesquels il se trouve dans
» une sorte d'égalité, les surpassant
» d'un côté presqu'autant qu'il leur
» céde de l'autre. (22)

„ Le troisième talent de M. de
„ Voltaire, est pour les vers épis-
„ tolaires & familiers. S'il est cer-
„ tain qu'il y a de l'indécence à louer
„ excessivement, il y a des choses
„ aussi qu'on ne saurait louer avec mo-
„ dération. Pour moi, j'avoue mon
„ faible. Je sacrifierais bien volon-
„ tiers quantité de gros volumes
„ que je me dispense de nommer
„ pour *une seule de ces petites épi-*

---

(22) On voit qu'il n'est pas question ici de M. de Crébillon, parce qu'on ne croyait pas qu'une ou deux bonnes Piéces suffissent pour être placé à côté du Pere du Théatre & de l'éloquent Racine. Le nom de Campistron n'a jamais été associé à ces noms fameux, quoique les Tragédies, en fort grand nombre, eussent presque toutes réussi au Théatre, & qu'*Adronic* sur-tout ait eu un succès prodigieux.

„ tres, (23) dont quelques-unes ont
„ déja été publiées & d'autres en

(23) L'Abbé Prévost par ces mots en caracteres italiques semble avoir voulu désigner particuliérement quelque piéce fugitive de M. de Voltaire, connue alors. Nous ignorons celle dont il veut parler; peut-être n'est-elle point imprimée, ainsi que beaucoup d'autres du même Auteur. Nous observerons à cette occasion que dans l'un des premiers Mercures de France, de l'année 1716, le Journaliste en parlant de l'Œdipe de M. de Voltaire, qui n'avait pas été encore représenté, dit que l'Auteur de cette Tragédie était déja connu par une foule de petites piéces de vers où regnaient la délicatesse, l'esprit & l'enjouement. Nous n'en trouvons que deux ou trois dans la collection des Œuvres de M. de Voltaire qui remontent à cette date. Par conséquent ces Poésies doivent se trouver encore en grand nombre dans son porte-feuille ou dans celui de ses amis auxquels elles furent adressées. C'est ainsi qu'on a trouvé derniérement dans les papiers de l'Abbé de Chaulieu, une jolie épitre de M. de Voltaire au Prince de Vendôme grand Prieur de France. Avec quel plaisir le Public ne reçoit-il pas ces petites piéces de société, échappées à la voracité du tems? Que ne donnerait-on pas pour retrouver encore quelques morceaux de Poësie semblables aux discours sur l'homme? Est-il un connaisseur qui après les avoir lûs, n'ait desiré d'avoir une suite à cette collection intéressante & trop-tôt terminée? Il n'est personne qui n'ait trouvé le recueil des Contes de *Guillaume Vadé* trop court. Rien n'égale l'avidité des Lecteurs lorsqu'ils rencontrent dans les Journaux quelques piéces nouvelles ou inconnues de M. de Voltaire. Cela prouve à tous

» beaucoup plus grand nombre atten-
» dent encore & tardent trop long-
» tems à voir le jour. C'est la fleur de
» l'esprit & du goût ; c'est un badina-
» ge fin, tendre, élégant, dont il y
» a peu d'exemples dans l'antiquité ;
» qui a été plus exercé de nos jours,
» mais qui ne l'a été par personne aussi
» heureusement que par M. de Voltai-
» re. Les Chapelle, les Chaulieu, les
» Lafare, qu'il a immortalisés par plu-
» sieurs de ces petites piéces beaucoup
» plus qu'ils ne le feront jamais par
» leurs propres écrits, ne peuvent lui

---

ceux qui en ont dans leur porte-feuille, le cas qu'ils doivent en faire, & combien ils doivent se féliciter de pouvoir un jour les communiquer au Public. Tout est précieux venant d'un homme aussi extraordinaire. Les moindres desseins, les esquisses des grands Peintres sont recueillis avec empressement par les connaisseurs. Nous avons une collection assez considérable de Poésies fugitives de M. de Voltaire que l'on ne trouve point dans les dernieres éditions de ses Œuvres, & que nous pourrions faire connaître si l'Auteur nous en donnait la permission.

» disputer le rang de ce genre, &
» quand je vois M. de Voltaire qui
» cède si facilement la première
» place à l'Abbé de Chaulieu, je
» m'imagine qu'ayant plus de crédit
» que personne dans le Temple du
» Goût, il en a voulu faire les
» honneurs.

» Enfin je ne sais par quelle bi-
» zarrerie de la Nature, à qui il a
» plu de réunir dans M. de Vol-
» taire ce qu'elle emploie ordinai-
» rement pour former cinq ou six
» personnes de mérite, il se trouve
» qu'il est encore historien & qu'il
» y a peu d'écrivains qui s'expri-
» ment en prose aussi agréablement
» que lui. Laissons la vérité à part.
» (24) Il nous a fait voir du moins
» qu'il a toutes les qualités néces-

―――――――――――――――――――

(24) ,, ce qu'on peut dire pour le justifier
,, c'est qu'on peut-être *sincère* sans être *fidèle* ;
,, il a écrit sur les Mémoires d'autrui. ,, (Note
de l'Abbé Prévost.)

faire

» faires pour l'écrire avec élégance,
» lorsqu'il en sera informé par des
» mémoires fidèles, & que ce qui lui
» manquera le moins, sera le cou-
» rage pour la dire. D'ailleurs il
» n'est point ici question du *Tem-*
» *ple de l'Histoire* où la vérité est
» le principal mérite. Nous parlons
» du *Temple du goût.* Les Historiens
» y sont rares. Il ne paraît point
» par le récit du voyage de M. de
» Voltaire, qu'il y en ait vu d'au-
» tres que Pélisson. Quoiqu'il en soit,
» il y occupait sans doute lui-même
» une place à ce titre, puisque le
» dieu du goût satisfait de son essai,
» l'a choisi pour l'historien de son
» temple. Entre nous, Madame, il
» y a toute apparence que le Dieu
» a mis lui-même la main à *cette*
» *histoire.* M. de Voltaire est un hom-
» me après tout, & si vous lisez
» son ouvrage avec un peu d'atten-

» tion, vous y trouverez mille traits
» tout divins. «

Ainsi finit cette conversation intéressante. On voit par le dernier article que l'Abbé Prévost en rendant justice à M. de Voltaire comme écrivain supérieur en prose, ne dissimule pas les reproches qu'on lui faisait d'altérer la vérité des faits historiques. Mais il est le premier à le justifier de ces accusations vagues que certaines gens ont recueillies avec tant d'avidité & répétées si souvent dans la suite. Il a la bonne foi de convenir que les erreurs dont on l'accusait, étaient celles des Mémoires qu'on lui avait fournis, & qu'il n'était pas juste de lui en faire un crime. Au reste, ces reproches ne pouvaient tomber alors que sur la première édition de l'histoire de Charles XII, où il pouvait s'être glissé quelques erreurs dans les dates ou dans les détails de peu de conséquence, ce qui ne l'empêcha pas d'avoir un succès prodigieux dans toute l'Europe. Ces légères fautes furent corrigées dans les éditions postérieures; mais l'envie n'avait pas manqué de s'en prévaloir & de s'en faire des armes contre un homme qui annonçait, par un tel début, une réputation aussi grande comme Historien, que celle qu'il avait acquise comme Poëte. Le témoignage authentique du Roi Stanislas en faveur de l'histoire de Charles XII. a fait tomber toutes ces imputations ridicules. (25) Il doit nous convaincre que ce n'est pas avec plus

---

(25) Voyez la préface de l'histoire du Czar Pierre premier par M. de Voltaire, où l'on trouve cette déclaration solemnelle du Roi de Pologne. Il est facheux pour l'*Envie* qu'on ne puisse pas regarder cette pièce comme mendiée ou comme supposée, puisque le Ministre (M. le Comte de Treslan) expressement chargé par le Roi lui-même de l'expédier à l'Auteur, est encore existant, & pourrait au besoin en certifier l'authenticité.

de raiſon qu'on les a renouvellées depuis à l'égard des autres Ouvrages hiſtoriques de M. de Voltaire, & particuliérement de ce vaſte & magnifique tableau de l'eſprit & des mœurs des Nations, depuis Charlemagne juſqu'à nos jours. Mais laiſſons l'hiſtorien pour ne nous occuper que du poëte dramatique.

Dans quel tems l'Abbé Prevoſt aſſignait-il à M. de Voltaire une place entre Corneille & Racine, & trouvait-il une ſorte d'égalité entre ces trois fameux tragiques? C'était au commencement de l'année 1733; dans le tems où M. de Voltaire, déja Poëte célèbre à la vérité, n'avait encore compoſé que ſix tragédies, ſavoir : Œdipe, (26)

---

(26) La Tragédie d'Œdipe fut faite en 1713 ou 1714, l'Auteur n'ayant que dix-neuf ans. Ce ne fut qu'en 1718 & par le ſecours des plus hautes protections qu'il parvint à la faire repréſenter, tant la prévention était forte contre un jeune homme ſortant des claſſes,

Artémire, (27) Mariamne, Brutus, Ériphile, (28) & Zaïre. C'étaient les

qui choisissait un sujet traité par le grand Corneille, & qui osait entreprendre de faire mieux que lui.

(27) Cette piece fut jouée en 1720 Elle eut huit représentations & n'est point imprimée. On n'en connaît qu'une très-belle scène conservée entiérement dans une édition furtive de la Henriade de 1724, & réimprimée depuis dans le tome 15me de l'histoire du théâtre français & dans *le porte-feuille trouvé*. On peut prendre une idée du plan & de la contexture d'Artémire, dans la parodie qu'en fit Dominique, & qui se trouve à la suite du théâtre Italien. Le sujet est à-peu-près le même que celui de Mariamne; c'est la peinture effrayante des effets de la jalousie portée à son comble.

(28) Les amateurs de la Poësie dramatique seront charmés d'apprendre que la tragédie d'Eriphile qui n'est point imprimée & qu'on croyait perdue, existe dans le porte-feuille d'un homme célèbre, qui nous a permis d'en faire la lecture. Il nous a appris que les recherches à l'égard d'Artémire, n'ont pas été aussi heureuses. Le sujet d'Eriphile est tiré de la Fable. C'est Alcméon qui venge sur Eriphile, sa mere, le meurtre d'Amphiarus son mari qu'elle avoit fait périr à son retour du siége de Thèbes. On voit qu'il ne différe point de celui de *Sémiramis*. Mais l'Auteur l'a peut-être énervé en ajoûtant dans cette dernière pièce l'amour de *Ninias* & d'*Azema*, comme il avait aussi affaibli *Œdipe* & *Adélaïde du Guesclin* par complaisance pour le ridicule. Quoiqu'il en soit, il nous a paru que ce sujet terrible est traité dans *Eriphile* avec toute la grandeur

prémiers lauriers qu'il avait ceuillis dans la carrière où il devait s'illuſtrer dans la ſuite par des triomphes plus beaux & plus nombreux. Auſſi le même journaliſte ne tarda-t'il pas à enchérir ſur ſon premier jugement ; écoutons-le parler quelques années après, lorſque M. de Voltaire eût

---

dont il eſt ſuſceptible. La terreur ſeule y règne, comme chez les Grecs, qu'on y a pris pour modeles. La beauté & l'élévation du ſtile répondent à l'importance de l'action. On y trouve beaucoup de vers à la Corneille & des maximes neuves & hardies, qui ſans doute ont contribué à faire retirer la pièce au tems des repréſentations, & en ont empêché l'impreſſion. Le poſſeſſeur de ce manuſcrit eſt trop ami de M. de Voltaire pour le faire imprimer ſans ſon aveu, mais il n'eſt pas douteux que lorſque la République des Lettres aura à pleurer la perte de ce grand homme, ſa Tragédie ne paraiſſe avec les fautes & les lacunes qui la défigurent. Il y a dans le manuſcrit des hémiſtiches qui ſemblent avoir été ajoûtés par différentes mains, & de nombreuſes variantes. Si nous avions l'honneur de connaître M. de Voltaire, nous l'exhorterions à revoir *Eriphile* & *Artémire*, & à les donner lui-même au Public, afin qu'on ne lui attribue pas un jour des inepties de copiſte & des vers qui ne ſont pas de lui ; comme cela eſt arrivé plus d'une fois.

L'Ami des Arts. 67

ajoûté aux tragédies précédentes, celles *d'Adélaïde du Guesclin* & *d'Alzire*. Voyons comme il s'exprime au sujet de la dernière. (29)

„ Après les applaudissemens qu'on
„ ne se lasse point d'accorder à cette
„ nouvelle piéce, (30) il semble qu'elle
„ n'a rien à craindre à l'avenir, ni de
„ la cabale de ses adversaires, ni du
„ caprice de ses juges, & qu'elle est
„ destinée à faire autant de réputation
„ à l'Auteur dans ce genre d'écrire,
„ qu'il s'en est fait depuis long-tems
„ par la Henriade. J'ai remarqué dans
„ une autre feuille qu'avec quelque
„ distinction que M. de Voltaire eût
„ écrit jusqu'alors pour le théâtre,
„ il n'avait pas désespéré ses rivaux.
„ Mais Alzire me fait trembler pour
„ eux; à qui verrons-nous prendre

(29) Pour & contre 1736, n°. 272.
(30) Les vingt premieres représentations d'Alzire rapportèrent aux Comédiens 53640 l.

„ un vol si sublime ? qui s'élevant si
„ haut trouvera assez de force pour
„ pour s'y soutenir dans la durée de
„ cinq actes? Qui mettra tant de no-
„ blesse & d'harmonie dans le tour
„ de ses vers, tant de force & de
„ tendresse dans l'expression de ses
„ sentimens, tant de vraisemblance
„ & d'intérêt dans un sujet opposé à
„ nos mœurs, tant de vérité naturelle
„ dans des caracteres si singuliers? Il
„ semble que M. de Voltaire las de
„ l'incertitude des comparaisons ait
„ voulu se signaler par des traits si
„ éclatans qu'on ne puisse s'y mé-
„ prendre, & s'élever à une distance
„ où ses concurrens ne soient plus
„ capables de l'incommoder.

„ Dans un autre endroit il ajoûte:
„ (31) Je n'ai pas entendu deux ju-
„ gemens opposés sur le caractere des

―――――――――――――――――

(31) Pour & contre 1736, n°. 280.

„ vers d'Alzire. Tout le monde y a
„ reconnu cette brillante partie de
„ l'Art Poëtique qui confiste dans la
„ nobleffe & l'harmonie des expref-
„ fions, dans la force des penfées,
„ dans la beauté des images & dans
„ la richeffe des rimes. Sans intérêt,
„ fans autre motif que mon goût,
„ fans partialité pour un auteur
„ avec lequel je n'ai aucune liai-
„ fon, & que je n'ai même jamais
„ vu, je regarde M. de Voltaire com-
„ me le Poëte de fon tems qui réunit
„ au plus haut dégré toutes ces par-
„ ties de l'art, & je m'imagine que
„ ce jugement s'accorde avec celui du
„ Public. (32)

Perfonne ne s'avifera d'appeller de

―――――――――――――――

(32) Ce fentiment d'un ancien Journalifte que le laps de tems a fait perdre de vue, d'accord avec le fentiment général & contrarié aujourd'hui par celui de quelques journaliftes, nous a paru faire connaitre à quel point ces derniers font aveuglés par la paffion.

ce jugement, & le tems l'a confirmé; cependant il se trouve aujourd'hui des écoliers qui ôfent dire que M. de Voltaire est un médiocre écrivain en vers comme en profe,& des journalistes affez ineptes pour recueillir de tels difcours & les applaudir. M. de Voltaire avait cependant des ennemis lorfqu'on repréfenta Alzire; les grands hommes n'en ont jamais manqué. Ils auraient bien voulu faire tomber la piéce, mais ils fe gardérent bien de heurter de front l'opinion publique en en décriant le ftile. Ils fe retournérent du côté du plan & de la conduite, & il ne tint pas à eux que la tragédie ne fut déclarée mauvaife, parce qu'elle péchait peut-être contre les règles de l'Abbé d'Aubignac; on fent bien que leurs cris furent étouffés par ceux de l'admiration. C'eft ce qui fit dire alors à M. Greffet.

Quelques ombres, quelques défauts
Ne déparent point une belle ;
Trois fois j'ai vu la Voltaire nouvelle,
Et trois fois j'y trouvai des agrémens
nouveaux.
Aux règles, me dit-on, la pièce est peu
fidelle ;
Si mon esprit contre elle a des objections,
Mon cœur a des larmes pour elle ;
Les pleurs décident mieux que les réflexions.
Le goût par tout divers marche sans règle sûre.
Le sentiment ne va point au hazard :
On s'attendrit sans imposture ;
Le suffrage de la nature
L'emporte sur celui de l'art.
En dépit de Zoïle & du censeur austère,
Je compterai toujours sur un plaisir
certain,
Lorsqu'on réunira la muse de Voltaire,
Et les graces de la Gauffin.

Melle Gauffin ou Goffin qui avait représenté avec un intérêt si touchant le rôle de Zaïre, se surpassa encore dans celui d'Alzire, & l'Auteur lui attribuait modestement tout le succès de sa piéce :

Ce n'est pas moi qu'on applaudit,
C'est vous qu'on aime & qu'on admire ;
Et vous damnez, charmante Alzire,
Tous ceux que Gusman convertit.

Dans le tems que les Comédiens se disposaient à mettre au théatre cette Tragédie, un incident singulier auquel ils ne pouvaient s'attendre, en fit reculer les représentations. Un Poëte déjà connu par une tragédie qui avait eu du succès, & dont les plus beaux endroits étaient traduits ou imités de Virgile, vint leur annoncer que la tragédie *d'Alzire* n'appartenait pas à M. de Voltaire, qu'elle n'était qu'une copie d'une tragédie de *Zoraïde* qu'il leur apportait, afin qu'ils la représentassent tout de suite ; n'étant pas juste que la copie qui était de M. de Voltaire, passât avant l'original qui était de son invention.

L'Ami des Arts.

invention. La nouvelle pièce fut admise à la lecture; on vit qu'il y avait en effet beaucoup de rapport dans le plan des deux tragédies, ce qui mit pour un moment les Comédiens dans l'embarras. Ils auraient pu s'en tirer en disant en cette occasion, ce qu'on avait dit autrefois de Regnard & de Dufresny au sujet du *Joueur*:

Chacun vola son compagnon,
Mais quiconque aujourd'hui voit l'un
& l'autre ouvrage
Dit que Voltaire a l'avantage
D'avoir été le bon larron.

Et en conséquence jouer Alzire. Mais on demanda des éclaircissemens qui ne tardèrent pas d'arriver, ainsi qu'on le voit dans la lettre suivante.

LETTRE de M. de Voltaire aux Comédiens Français.

Le   Janvier 1736.

JE ne fais, Meſſieurs, ſi vous avez lû une tragédie que j'avais compoſée il y a deux ans, & dont je lûs même chez moi les premières ſcènes à M. Dufreſne. Je n'aurois jamais ôſé la préſenter au théatre. La ſingularité du ſujet, la défiance où je dois toujours être ſur mes faibles ouvrages, & le nombre de mes ennemis, m'avaient fait prendre le parti de ne jamais l'expoſer au Public.

J'ai appris que M. le F... s'étant fait rendre compte il y a un an du ſujet de ma piéce, en a depuis compoſé une à-peu-près ſur le même plan & qu'il s'eſt hâté de vous la lire. Vous ſentez bien, Meſſieurs, que tout le mérite de ce ſujet conſiſte dans la peinture des mœurs Américaines opposées au portrait des mœurs Européanes. Du moins, c'est là mon seul avantage. Je ne doute pas que M. le F... qui a au-dessus de moi les talens de l'esprit & l'imagination que donne la jeunesse, n'ait embelli son Ouvrage des ressources qui m'ont manqué. Mais il arriverait que si sa piéce était jouée la premiere, la mienne ne paraîtrait qu'une copie de la sienne; au lieu que si sa tragédie n'est jouée qu'après, elle se soutiendra toujours par ses propres beautés. Je n'aurais jamais travaillé sur un plan choisi par M. le F... la considération & l'estime que j'ai pour lui, m'en auraient empêché, autant que la crainte de me trouver son rival.

Il s'est dispensé d'un égard que j'aurais eu. Au reste, Messieurs, soyez persuadé que si je crains de passer après lui, c'est uniquement parceque ma piéce ne foutiendrait pas la comparaifon de la fienne. Votre intérêt s'accorde en cela avec le plaifir du Public, qui applaudira toujours à M. le F... en quelque tems que fon Ouvrage paraiffe, & la juftice exige que celui qui a inventé le fujet paffe avant celui qui l'a embelli. Je n'aurai que la préférence dangereufe & paffagere d'être expofé le premier à la cenfure du Public. J'ai l'honneur d'être avec l'eftime que j'ai pour ceux qui cultivent les beaux Arts, & avec la reconnaiffance que je dois à ceux qui ont fi fouvent orné mes faibles productions, & fait pardonner mes fautes, votre, &c.

M. le F. de fon côté écrivit auffi une lettre aux Comédiens, mais d'un ftile bien différent, la voici :

JE suis fort surpris, Messieurs, que vous exigiez une seconde lecture d'une tragédie telle que *Zoraïde*. Si vous ne vous connaissez pas en mérite, je me connais en procédés, & je me souviendrai assez long-tems des vôtres, pour ne plus m'occuper d'un théatre où l'on distingue si peu les personnes & les talens ; je suis, Messieurs, autant que vous méritez que je le sois, votre, &c.

On se doute bien de l'effet que produisirent ces deux lettres. L'Auteur de *Zoraïde* remporta sa piéce. *Alzire* fut représentée. Elle eût un succès complet, & c'est encore une des tragédies de M. de Voltaire qu'on revoit avec le plus de plaisir. Ce n'était pourtant pas encore la piéce où cet Auteur devait le plus nous étonner en déployant à nos yeux l'étendue de son génie & toutes les ressources de l'Art. Si l'Abbé Prévost qui fait un éloge si brillant d'Alzire, avait continué son journal, que n'aurait-il pas dit dans la suite en voyant paraître *Mahomet* & *Mérope*, les chefs-d'œuvre de l'Auteur ; *Rome sauvée* & *la mort de César* si remarquables par la beauté de la Poësie & des caractères ; *l'Orphelin de la Chine*, *Tancrède*, *Dom-Pedre* écrit à 80 ans, & cette foule d'autres piéces de tout genre, si variées, si dissemblables entre elles, & qui ne se rapprochent que par l'é- légance & la pureté du stile ? leur nombre suffirait à la réputation de plusieurs Poëtes. La facilité dans le travail ajoûte certainement au mérite des Artistes. Rubens n'eut-il peint dans toute sa vie que l'admirable galerie du Luxembourg (33) devrait

---

(33) Il devait orner l'autre galerie du même Palais de l'histoire d'henri IV, il en avoit

être placé au rang des plus grands Peintres ; mais combien n'ajoûte pas à l'idée que nous en avons, le nombre prodigieux de tableaux dont il a enrichi presque toutes les contrées de l'Europe ? C'est avec raison qu'un homme de lettre à dit que de deux Poëtes excellens dont l'un aurait composé Zayre en trois semaines & l'autre en trois ans, le premier serait un plus grand homme que le second. Si la beauté des tragédies de M. de Voltaire suppose une profonde connaissance du théatre & du cœur humain, un génie vaste, un goût exquis, leur nombre prouve en même-tems une extrême abondance & une facilité peu commune. De combien d'autres

---

commencé les esquisses, dont quelques unes ont été gravées. La retraite de Marie de Médicis & les révolutions qui la suivirent empêchérent l'exécution de ce monument, qui sans doute eût été digne du Héros qu'il devait célébrer.

piéces n'aurait-il pas encore enrichi notre théatre si, content de primer dans ce genre, il n'eût pas voulu courir à la gloire par toutes les routes ? M. de St. Lambert pouvait donc, sans être accusé de blasphême littéraire, publier en 1770 une opinion qui était celle de l'Abbé Prevost dès l'année 1736, & que ce dernier divulga hautement sans qu'on lui en fît un crime, quoiqu'il n'eut pas alors autant de motifs pour la justifier qu'il y en a présentement. Au surplus l'Auteur du *Pour & Contre* n'étoit pas seul de son avis il y a quarante ans, & l'on peut croire que l'Auteur des *Saisons* l'est encore moins aujourdhui. Qu'on se donne la peine de parcourir les différens traités sur la littérature & les Ouvrages périodiques qui ont paru depuis le commencement de ce siècle, l'on y verra en bien des endroits, le sentiment de l'Abbé Prevost confirmé plus ou moins expressément par un grand nombre d'Auteurs, & nommément par Messieurs de la Roque, Fuzelier, la Bruère, l'Abbé Raynal & autres, chargés successivement du Mercure Français jusqu'aujourd'hui : par l'Abbé de la Porte & par les Auteurs des Journaux étrangers les plus estimés. On pourra retirer quelque fruit de ce travail fastidieux; on est quelquefois dédommagé de sa peine par des morceaux de littérature intéressans. L'on peut y remarquer une vérité qu'il feroit bon d'inculquer à tous ceux qui se mêlent aujourd'hui de juger les Auteurs & les Artistes. C'est que tous les jeunes gens qui étaient faits pour s'illustrer dans la République des lettres & aspirer eux-mêmes à la gloire, ont commencé par rendre hommage à la supériorité de M. de Voltaire, & n'ont pas cru se deshonorer en lui témoignant le respect qui lui était dû à si juste titre. Ce n'est que dans ces derniers tems que des Ecrivains inconnus, sans titres comme sans mission, osent dès-leur début l'attaquer impudemment & l'outrager de la manière la plus indécente; à l'instant même où les services qu'il a rendus à l'humanité, ses longs travaux & son grand âge, devraient lui concilier l'amour & la vénération de tous les hommes, & principalement de ceux qui entrent dans la carrière des lettres où il a triomphé tant de fois.

C'est d'un homme tel que lui que les jeunes gens doivent prendre des conseils, bien loin de s'aviser de lui en donner.

Au reste, si nos Critiques & nos Journalistes modernes tiennent pour suspect le témoignage de leurs prédécesseurs, peut-être ne récuseront-ils pas celui des deux plus grands ennemis de M. de Voltaire, de deux Ecrivains très-connus, en un mot, de Jean-Baptiste Rousseau & de l'Abbé Desfontaines. Tous ceux qui ont un peu étudié l'histoire littéraire de ce siècle savent que ces deux Auteurs ont eu pendant plusieurs années la plus haute estime pour M. de Voltaire. On les a vu louer ses Ouvrages d'une manière non équivoque & lui témoigner publiquement leur admiration, avant que la haine & l'envie n'eussent fait taire en eux l'équité. Tout homme impartial s'en tiendra à la décision de Rousseau & de Desfontaines de sang froid & désintéressés, & non à celle de Rousseau & de Desfontaine aveugles par la passion ou devenus injustes par elle.

On sait que Rousseau étoit né avec un grand fond d'amour-propre. Nous sommes loin de condamner tout-à-fait ce sentiment dans un Auteur aussi distingué, & de prétendre qu'il n'ait pu le justifier à bien des égards. On ne lui contestera point ici le nom de grand Poëte lirique. On conviendra qu'il n'eût point été inférieur à Horace dans ce genre, s'il avait toujours été aussi heureux dans le choix des pensées que dans la tournure des vers; mais il n'avait ni la raison, ni la philosophie du Poëte Latin. C'est pourquoi ses Odes sacrées qui ne sont que des traductions ou des paraphrases, sont plus estimées que les autres. C'est un fond étranger, embelli par sa versification harmonieuse. Il ne lui restait guères que cette harmonie lorsqu'il travaillait d'après lui-même. Ses succès dans ce genre d'écrire & sa facilité dans l'Epigramme lui avaient fait une réputation méritée; mais cette réputation ne l'autorisait pas à pousser l'orgueil à l'excès. Il ne pouvait souffrir d'égal, & tout mérite étranger,

dès

dès qu'il s'élevait au-dessus du vulgaire, lui devenait odieux. Après la mort de Despréaux, Rousseau se crût le seul Poëte qui méritât de fixer désormais les yeux de toute la France. Il se regarda comme le dernier débris du fameux siècle de Louis XIV. Ne voyant plus de rival digne de lui & ne craignant pas d'être éclipsé à l'avenir par aucun concurrent, il se reposa tranquillement sur ses lauriers, & l'envie parut avoir abandonné son cœur; du moins pour quelque tems. Ce fut vers cette époque qu'il connut M. de Voltaire. Se trouvant un jour à une distribution des prix au collège des Jésuites, il en vit remporter plusieurs par un écolier, dont les succès piquérent sa curiosité. Il apprit que c'était le jeune Arouet, (aujourd'hui M. de Voltaire.) Les Savans Peres Porée, le Jay & Tarteron lui parlérent si avantageusement de la pénétration

& de la vivacité de son esprit, que Rousseau voulut qu'on le lui amenât. Il fit plusieurs questions au jeune homme, qui y satisfit de son mieux. Il fut content de ses réponses & sur ce que ces Peres ajoûtérent des heureuses dispositions de cet écolier pour la Poësie, il le prit comme eux, en affection. Il ne faut pas demander si M. de Voltaire fut flatté d'une pareille distinction ; c'était pour lui un prix plus glorieux que ceux qu'il venait de remporter. Au sortir du collége il s'empressa de cultiver l'amitié du célèbre Poëte lirique ; il lui écrivait souvent des lettres charmantes ainsi que nous l'apprend Rousseau lui-même. (34) Il ne manquait pas de lui envoyer toutes les piéces de vers qu'il composait, & de le prier de lui en

---

(34) Voyez le recueil des lettres de Rousseau, 5 vol. in-12, Géneve 1751.

dite son avis. Rousseau en faisait beaucoup de cas, comme on le voit par les lettres qu'il écrivait alors à ses plus intimes amis. Le témoignage avantageux qu'il y rend en faveur des Poësies de M. de Voltaire, doit paraître d'autant moins suspect, qu'il n'avait aucun motif pour trahir avec eux sa façon de penser, & qu'il ne devait nullement soupçonner que ces lettres familieres pussent être connues du Public & de M. de Voltaire lui-même. Tout nous porte à croire qu'il parlait alors sincérement. Il témoignait à M. de Voltaire l'idée qu'il avait de lui en ces termes : (35) „ Il y a long-tems „ que je vous regarde comme un „ homme destiné à faire un jour la „ gloire de son siècle, & j'ai eu la „ satisfaction de voir que toutes les „ personnes qui me font l'honneur

_____

(35) *ibid.* Lettre du 25 Mars 1719.

„ de m'écouter, ont fait le même
„ jugement que moi sur les divers
„ Ouvrages que je leur ai souvent
„ lûs de vous. (36)

M. de Voltaire apparemment lui parût vouloir remplir trop tôt cet horoscope ; du moins nous devons le croire parce qui s'en est ensuivi quelques années après. Les premiers Ouvrages de M. de Voltaire, (ceux-là même dont il est parlé dans la lettre citée & que nous ne connaissons peut-être pas) avaient causé peu d'ombrage à Rousseau qui les regardait sans doute comme les fruits d'un de ces génies précoces dont le feu éclate & s'éteint de bonne heure; mais le grand succès de la Henriade commença vraisemblablement à jetter du refroidissement

---

(36) Remarquons encore que dans la collection des Œuvres de M. de Voltaire on ne trouve d'Ouvrage important antérieur à la date de cette lettre, que la seule tragédie d'Œdipe.

entre les deux Poëtes. Cependant M. de Voltaire avant de mettre cet Ouvrage au jour, en avait communiqué le manuscrit à Rousseau, & il se trouvait honoré de recevoir des conseils d'un homme qui avait plus d'expérience que lui, & qui s'était rendu célèbre parmi les Poëtes. Le tems n'était pas encore venu où les jeunes gens devaient corriger les vieillards. On voit par-là que l'Auteur de la *Henriade*, était moins présomptueux que les faiseurs de Critiques en prose & en vers, de nos jours, qui donnent hardiment des leçons aux plus grands Ecrivains. Rousseau qui se connaissait en Poësie, tout autant, pour le moins que ces prétendus Aristarques, avait de *la Henriade*, une idée bien différente de celle qu'ils veulent nous en donner aujourd'hui. » Je puis vous » assurer, disait-il à M. Boutet dans » sa lettre du 20 Septembre 1722,

» que ce Poëme fera un très-grand
» honneur à l'Auteur. Notre Nation
» avait besoin d'un Ouvrage comme
» celui-là. L'œconomie en est admi-
» rable, & les vers parfaitement
» beaux. A quelques endroits près
» sur lesquels il est entré dans ma
» pensée, (37) je n'y ai rien trouvé
» qui puisse être critiqué raisonna-
» blement.

Il s'en fallait de beaucoup que la Henriade eût alors atteint le dégré de perfection où elle a été portée dans la suite. Néanmoins son succès fut tel lorsqu'elle parut l'année d'après pour la première fois, sous le titre de poëme *de la Ligue*, que Rousseau en fut surpris lui-même. Il en conçut

___

(37) Rousseau nous apprend dans une autre lettre que ces endroits qu'il trouvait répréhensibles, étaient ceux où le Poëte tonne avec véhémence contre les excès & les injustices de la Cour de Sixte, & contre le Fanatisme des Moines ligueurs.

de l'ombrage, & fut beaucoup plus réfervé à l'égard de M. de Voltaire. Enfin la tragédie de *Mariamne* acheva ce que la Henriade avait commencé. Le fuccès de cette piéce (38) défunit entiérement & pour jamais ces deux hommes célèbres. Rouffeau ne pût pardonner à M. de Voltaire d'avoir fait une *Mariamne* très-fupérieure à celle qu'il avait lui-même compofée d'après Triftan. Il fit, étant à Vienne, une fatyre amère de la piéce ed fon rival, & l'envoya à l'un de fes amis à Paris. La fatyre courut fourdement par la ville fans que fon nom y parût ; mais M. de Voltaire qui fût qu'il en était l'auteur, lui écrivit une longue lettre dans laquelle il cherchait à juftifier les endroits critiqués de fa tragédie, & faifait

---

(38) Elle eut 40 repréfentations de fuite. au double. Celle de Rouffeau avait été fifflée.

peut-être quelques reproches à Rousseau sur sa grande sévérité à l'égard d'un ami pour lequel il avait eu jusqu'alors tant d'indulgence. C'est ce qu'on peut conjecturer ; car on ne sait rien de positif à ce sujet. La lettre apologétique de M. de Voltaire ne s'est point trouvée à la mort de Rousseau, qui vraisemblablement l'avait supprimée, ainsi que toutes celles qu'il avait reçues de lui. Il craignait qu'en faisant connaître la confiance entière que lui témoignait l'Auteur, ces lettres ne rendissent plus odieuse la manière dont il l'avait payée, & ne prouvassent à tout le monde que dans la querelle qui les divisa, le tort était entièrement de son côté. Ce qu'il y a de certain, c'est que Rousseau nous apprend lui-même qu'il ne répondit à la lettre de M. de Voltaire que par une lettre très-seche de douze lignes. De ce moment l'amitié fit place dans son cœur à une haine irréconciliable. Il ne cessa plus de lancer des brocards sur les Ouvrages de M. de Voltaire, dont les succès étaient pour lui autant de blessures nouvelles. Il s'en vengeait en voulant briser l'idole qu'il avait encensée, & dont il craignait que le poids ne vint un jour à l'écraser.

Telle fut la véritable origine d'une guerre littéraire, qui a fait tant de bruit en France & dans les pays étrangers. Elle est bien plus vraisemblable que celle que Rousseau allègue dans sa lettre du 22 Mai 1736. (39) Il veut faire croire qu'il ne s'est brouillé avec M. de Voltaire, que parceque celui-ci osa lui faire lecture, à Bruxelles, de l'Epître à *Julie* ou à *Uranie*. Mais quelle apparence

_____

(39) Recueil des lettres de Rousseau, tom. V, pag 251.

que cette piéce de vers ait pu scandaliser l'auteur des couplets & de mille autres piéces licencieuses ou impies ! qui croira qu'un pareil motif ait pu changer subitément en une haine implacable, l'amitié que Rousseau avait témoignée jusqu'alors à M. de Voltaire qui n'avait rien de caché pour lui ? La *Moïsade*, à la beauté des vers près, valait bien l'Epître à *Uranie*. Il faut donc chercher ailleurs la source de cette fameuse querelle, il faut étudier le caractere de Rousseau, & l'on verra qu'elle n'eût point d'autre cause que celle que nous avons rapportée ; c'est-à-dire la réputation de M. de Voltaire qui croissait de jour en jour & qui commençait à balancer la sienne.

A quel autre motif que cet orgueil de ne pouvoir souffrir l'éclat d'un mérite supérieur dans ses con-

temporains, pourrions-nous attribuer les injustices de Rousseau envers un autre homme de génie, & le plus étonnant peut-être de tous ceux qui auront illustré le dix-huitiéme siècle après M. de Voltaire : envers Rameau ? Ce musicien philosophe allait à grands pas à l'immortalité. Il s'était déja rendu fameux par son traité de l'harmonie & par d'autres ouvrages sur la théorie de la musique. Il ne l'était pas moins par les Opéra d'*Hippolite*, des *Indes galantes* & de *Castor & Pollux*. Son ballet des *Talens Lyriques* représenté en 1739 avait eu du succès, & c'est à ce sujet que Rousseau donna carrière à sa verve satyrique. (40) » J'ai appris, disait-
» il, le sort de l'opéra de Rameau.
» La musique vocale m'étonne, je
» voulus, étant à Paris, en enton-

―――――――――――――――
(40) Ibid; lettre du 17 Nov. 1739.

» ner un morceau, mais y ayant
» perdu mon latin, il me vint dans
» l'idée de faire une Ode lyricomi-
» que dont voici une strophe: (41)

Distillateurs d'accords baroques
Dont tant d'idiots sont férus,
Chez les Thraces & les Iroques
Portez vos Opéra bourrus.
Malgré votre art hétérogêne,
Lulli de la lyrique scène
Est toujours l'unique soutien;
Fuyez, laissez-lui son partage,
Et n'écorchez pas davantage
Les oreilles des gens de bien.

Quel était le crime de Rameau?
Sa gloire & le choix qu'il avait fait
d'un Opéra de M. de Voltaire pour

---

(41) **Beau** raisonnement! parceque je ne peux, faute d'oreille & d'aptitude solfier un air, je dois décrier la Musique & outrager le musicien! Il faut convenir que s'il y avait quelque chose de barbare en tout cela, ce n'était assurément point la musique de Rameau.

débuter

débuter dans le genre dramatique. (42) Quels fruits ne devait-on pas attendre de l'union d'un tel Poëte avec un tel Muſicien, ſi leurs ennemis perſuadés de leurs ſuccès, ne s'étaient réunis contre leur premier Ouvrage, & ne les avaient rebutés dès leur entrée dans la carrière ? Ce n'eſt pas ſans raiſon que les Peintres, les Sculpteurs, les Graveurs ont ſouvent mis en regard M. de Voltaire & Rameau. La deſtinée de ces deux hommes extraordinaires,

---

(42) C'eſt la tragédie de *Samſon*, que la cabale vint à bout de faire ſupprimer en 1732. On ſe ſervit pour cela d'un moyen qui réuſſit preſque toujours, ce fut d'acculer les Auteurs d'impiété. On leur prêta le deſſein d'avilir l'hiſtoire ſacrée, en la proſtituant ſur un théatre très-profane, qui ne retentiſſait que des amours des dieux du paganiſme. On y avait pourtant donné l'Opéra de *Jephté*, qui n'avait occaſionné aucun murmure. Mais cela n'empêcha pas qu'on ne défendit les repréſentations de la tragédie de *Samſon*, dans le tems même qu'on laiſſait traveſtir ce ſujet au théatre Italien, & que tout Paris courait en liberté à ce Spectacle burleſque, où le vainqueur des Philiſtins faiſait des tours de force à qui mieux mieux avec Arlequin.

I

est marquée par des rapports frappans. Tous deux nés dans le grand siècle de Louis XIV, semblérent faits pour en perpétuer dans celui-ci, le génie & les lumières. La nature les doua l'un & l'autre d'une ame également forte & sensible. Tous deux pénétrérent dans le sanctuaire des Sciences & des Arts, éclairés par le flambeau de la Philosophie, & guidés par le goût le plus sûr. Leur succès furent également nombreux, ainsi que leurs ennemis ; ils eurent à combattre perpétuellement l'envie & la calomnie, & ce fut là souvent la récompense de leurs travaux, & des plaisirs qu'ils nous donnérent. Leur constitution physique ne les raprocha pas moins que leur être moral. Une statue élevée, une maigreur extrême, une action vive, une phisionomie marquée par de grands traits, bien prononcés, où se peignait la fermeté de leur caractère, des yeux d'aigle, étincellans du feu du génie, les distinguérent du commun des hommes. Parvenus à un âge très-avancé (43) ils purent également jouir de

---

(43) Rameau est mort le 12 Septembre 1764, âgé de 81 ans. M. de Sauvigny lui fit cette Epitaphe.

En Jacet Aonius, frigido sub marmore Ramæus
Proh dolor ! & phœbi muta Jacet cithara
Qui blando nostras sonitu captaverat aures
Hic merito famæ retulit ipse sonum.

Autre par M. P. M. C.

Cigit le célèbre Rameau,
Il fut par son vaste génie
De la musique le flambeau,
Et l'objet des traits de l'envie ;
Muses pleurez sur ce tombeau
Le créateur de l'harmonie.

Un autre de ses admirateurs a dit :

Pourquoi pleurer Rameau ? Ses accens redoutables
Vont charmer les enfers & désarmer Pluton,
Son art seul aux humains a rendu vraisemblables
Les prodiges fameux d'Orphée & d'Amphion.

Puisse le Nestor du Parnasse & de la littérature pousser sa carrière beaucoup plus loin que Rameau, & faire cesser à cet égard toute comparaison.

leur réputation, & ce qui est plus rare, c'est qu'on les vit tous deux produire encore des Ouvrages admirables à 80 ans. Enfin comblés des faveurs de leur Souverain, honorés & chéris des hommes les plus éclairés de leur siècle, ayant réuni les suffrages de presque tous leurs contemporains, ils furent encore, pour ainsi dire, témoins de l'admiration qu'ils doivent inspirer à la postérité, & du mépris qu'elle réserve à leurs détracteurs.

On ne peut assez louer les efforts qu'ils firent dans tout le cours de leur longue carrière pour le maintien du goût dans la Littérature & les Arts. Ils donnèrent à la fois les préceptes & les exemples. Les Ecrivains & les Artistes ne sauraient trop se pénétrer de la reconnaissance qu'ils doivent à ces deux grands hommes.

Nous venons de lire une brochure

nouvelle (44) où M. Gardel, Mᵉ des ballets à l'Opéra, & très-habile danseur, assure que l'on est redevable à Rameau de la perfection où la danse est portée parmi nous. Il l'a vraiment créée, dit-il, par l'expression pitoresque & la prodigieuse variété de de ses airs de ballets ; il est fâcheux, ajoûte ensuite M. Gardel, que cet homme célèbre, ne soit pas venu 40 ans plus tard au monde, pour perfectionner également les autres parties de la musique. Cette réflexion aurait besoin de quelque Commentaire. On ne sait pas trop pourquoi la musique que Rameau ferait aujourd'hui, serait meilleure que celle qu'il a faite dans son tems. En effet, une musique pleine de génie, de sentiment & d'expression, doit-être de tous les tems & de tous les lieux. A-t'on voulu dire qu'il

_____

(44) L'avénement de Titus à l'Empire, ballet héroïque.

aurait fait du récitatif Italien, au lieu de faire du récitatif Français ? Mais, prémièrement, nous ne voyons pas qu'il foit décidé que le récitatif Italien, doive être préféré au récitatif Français. Celui-ci a beaucoup plus de partifans que l'autre, & nous avons bien des raifons de croire qu'il eft meilleur à tous égards. On ne peut difconvenir qu'il ne fe rapproche infiniment plus de la déclamation noble & élevée, telle que l'exige indifpenfablement la majefté de la tragédie. L'accompagnement d'une baffe continue, bien faite, & qui indique le fond de l'harmonie, femble plutôt nous donner une idée de la mélopée des anciens, que ces fréquens coups d'archet de tout l'orcheftre, & ces accords par faccades qui entrecoupent à chaque inftant le fens du difcours, & fatiguent fingulièrement l'oreille & l'attention du fpectateur.

(45) Si l'on veut que l'harmonie soit complette dans l'accompagnement du récitatif, le clavecin ne la remplissait-il pas d'une manière moins choquante pour le chanteur & pour l'auditeur ? Nous le demandons à tout musicien désintéressé, à tout amateur impartial. Les Italiens en bannissant le clavecin

---

(45) Cet inconvénient devient plus sensible encore par la manière dont on accompagne ce récitatif Italien à l'Opéra. Tout le monde convient que cet accompagnement est trop fort. On n'entend p's les voix. Ce n'est pas que les Symphonistes forcent plus qu'autrefois, mais leur nombre étant presque doublé depuis dix ans, on doit les faire accompagner plus doux de moitié. On dira que l'effet est le même, eu égard à l'étendue de la nouvelle salle, à la bonne heure ; mais si la voix de l'actrice ou du chanteur, n'est point augmentée en volume dans la même proportion que l'étendue de la salle, & le nombre des Symphonistes, nous serons fondés à soutenir que l'orchestre dans son état actuel doit adoucir beaucoup plus qu'il ne le fait dans tout ce qui est accompagnement de chant ; sauf à lui à s'en dédommager dans d'autres morceaux, car le nouveau genre de musique s'accommode assez du grand bruit. C'est dans les salles les plus vastes qu'il faut ménager davantage les voix, si l'on veut qu'elles se fassent entendre de tous les spectateurs.

de l'orchestre, semblent en avoir voulu imiter l'effet, en faisant frapper à tous les instrumens, des accords secs & détachés comme les siens. Ils n'ont pas songé que si le claveciniste ne soutient point ses accords, c'est que l'impuissance de son instrument s'y oppose. Cela est si vrai, que lorsqu'il rencontre des rondes ou des blanches liées dans sa partition, il répète machinalement le même accord plusieurs fois de suite, ce qui supplée très-imparfaitement à la tenue. Si l'on voulait que les violons accompagnassent le récitatif, il eût mieux valu qu'on prît pour modèle l'accompagnement de l'orgue, instrument beaucoup plus parfait que le clavecin, & qui a par-dessus lui l'avantage de pouvoir soutenir & perpétuer les sons. (46)

---

(46) On pourrait l'appeller universel, puisqu'il semble réunir en lui tous les autres instruments. La découverte en est due aux anciens.

Rameau a donné plusieurs exemples d'un pareil accompagnement, comme dans la scène de Castor & Pollux. *Oui je céde enfin à tes vœux ?* &c. Et dans quelques monologues. On trouve aussi de ces morceaux dans

---

On en trouve une description bien détaillée dans une Epigramme Grecque de l'Empereur Julien qui a été traduite ainsi :

*Quam cerno alterius naturæ est fistula nempè
Altera produxit fortasse hanc cæca tellus :
Horrendum stridet nec nostris illa movetur
Flatibus ; at missus taurino & carcere ventus
Subtus agit læves calamos, perque ima vagatur.
Mox aliquis velox digitis, insignis & arte
Adstat, concordes Calamis pulset que Tabellas :
Ast illæ subito exiliunt & carmina miscent.*

L'ancienne flûte Grecque nommée *Syringe*, composée de plusieurs tuyaux de différentes grandeurs, joints ensemble avec de la cire, a pû donner la première idée de cet instrument admirable. Mais il y avait loin de cette flûte inventée par le Dieu Pan, à l'orgue décrit par Julien. Il est surprenant que les anciens aient imaginé un instrument dont la mécanique est si compliquée, & d'un autre côté l'on ne peut assez s'étonner qu'ils n'aient pas trouvé l'imprimerie, dont ils étaient si voisins par la connaissance de la gravure en creux & des camées qui leur servaient de cachets, & dont ils tiraient des empreintes.

d'autres muſiciens. L'orcheſtre n'y fait que remplir l'harmonie par des accords ſoutenus, & lorſque cet accompagnement eſt bien exécuté, l'on croirait n'entendre qu'un ſeul inſtrument, plus parfait encore que l'orgue, parce qu'il y a plus d'analogie entre les ſons graves, & les ſons aigus des inſtrumens à cordes, que dans ceux à vent. Cette harmonie complette produit un grand effet lorſqu'elle eſt employée ſobrement, & ſur-tout lorſqu'elle ſuccède à un ſimple accompagnement de baſſe-continue, dans la tranſition d'un ſentiment ordinaire à une idée impoſante, où le Muſicien doit s'élever avec le Poëte. Cependant la ſucceſſion régulière des accords deviendrait bien-tôt fatiguante pour l'auditeur, ſi tout le récitatif d'un Opéra était accompagné de cette manière. C'eſt pourquoi les grands Maîtres ont préféré d'employer dans le récitatif ordinaire, une seule basse-continue, dont la marche peut être variée à l'infini par la facilité qu'a le compositeur d'y placer telle note de l'accord qu'il veut choisir.

D'après les notions incertaines qui nous restent sur la musique & la déclamation des anciens, on peut conjecturer que le *Tonarion* ou flûte qui accompagnait & soutenait la voix du déclamateur chez les Grecs, procédait dans sa marche à-peu-près comme notre basse-continue, & non par notes isolées comme l'accompagnement Italien. Les plus judicieux Critiques s'accordent à dire que la mélopée devait tenir un certain milieu entre notre récitatif Français & la déclamation. (47) Or, notre récitatif, quand il est bien fait, s'identifie, pour ainsi

---

(47) C'était le sentiment de l'Abbé Dubos, de M. Duclos, &c.

dire, avec la déclamation. Celui de presque tous les compositeurs Italiens n'a point le même avantage. On lui reproche avec bien plus de raison qu'au nôtre, une monotonie assommante. Le retour continuel des mêmes modulations, des mêmes intonations; la répétition des mêmes traits & de ses éternelles finales, rebutent l'homme le plus patient. Ajoûtez à cela le ton brusque dont on le débite, la véhémence de l'action & du geste qui doivent se conformer à son mouvement précipité, ces accords ou plutôt ce tintamarre de l'orchestre qui vient à la traverse, tout cela nous parait bien éloigné de la belle déclamation tragique. Disons-le naïvement. Nous avons vu de ces scènes à l'Italienne, débitées d'une manière si forcenée, que si nous n'avions pas su de quoi il étoit question, nous aurions crû être présents à une querelle de porte-
faix,

faix, prêts d'en venir aux mains, plutôt qu'à l'entretien des Dieux & des Héros.

En second lieu, Lulli était Italien, & il s'est bien gardé d'introduire en France le récitatif de son pays; il en a trouvé un autre bien plus analogue à notre idiome. Il ne faut pas comme certaines gens, qui voudraient en même-tems sauver l'honneur de Lulli & celui de la musique Italienne, dire que cette musique & la sienne étaient de son tems une seule & même chose; qu'elles ne sont devenues si différentes dans la suite, que parce qu'on s'est écarté de la méthode de ce musicien dans l'exécution de ses Ouvrages, ou parceque la musique n'a cessé de se perfectionner en Italie depuis un siècle, tandis qu'elle est restée parmi nous au même point où elle était quand Lulli l'introduisit en France. Rien n'est moins certain que tout cela. Nous avons plusieurs Ouvrages

K

sur la musique, composés dans le tems où les Opéras de Lulli étaient en possession de charmer la Cour de Louis XIV & tout Paris, qui prouvent clairement que la musique Française & la musique Italienne ne différaient pas moins alors qu'elles ne diffèrent aujourd'hui ; elles avaient déja l'une & l'autre des défenseurs qui plaidaient vivement la cause qu'ils avaient embrassée, d'où l'on voit que l'origine de la guerre musicale entre les deux Nations, remonte beaucoup plus haut qu'à l'époque de l'arrivée des Bouffons en France. (48). On reprochait dès-

---

(48) En 1752 des Acteurs venus d'Italie représentèrent plusieurs intermèdes Italiens sur le théatre de l'Opéra. Ils trouvèrent des partisans, ce qui réveilla une ancienne animosité que le tems n'avait fait qu'assoupir. Il y eût un schisme fameux. On vit pleuvoir une multitude de brochures, comme le *petit Prophète*, *le coin du Roi*, *le coin de la Reine*, &c. Deux factions divisaient le parterre de l'Opéra ; enfin la musique Nationale triompha, & les Bouffons furent congédiés deux ans après leur arrivée.

lors à la musique Italienne de s'attacher à surprendre l'oreille plus qu'à émouvoir le cœur & intéresser l'esprit. On l'accusait de sacrifier presque toujours le chant à la symphonie, d'être maniérée, affectée, surchargée de roulades, de traits, de difficultés inutiles ou ridicules ; de faire consister toute la beauté de la musique vocale, à remplir les ariettes de tenues à perte d'haleine, de passages uniquement faits pour le violon, & de roulades de 80 ou 100 notes sur la même syllabe.

Evitons ces excès, laissons à l'Italie
De tous ces faux-brillans l'éclatante
      folie.

        (Boileau Art. Poët.)

On la trouvait assez propre à exprimer la joie & la gaieté par la vivacité de tous ses mouvemens, & on lui déniait les moyens de peindre avec succès les autres passions ou affections de l'ame. (49) Elle ne s'est point

---

(49) Plusieurs Auteurs conviennent de tout cela. Contentons nous, pour égaier le lecteur, de mettre sous ses yeux un parallèle singulier & même grotesque, de la musique Italienne & de la musique Française, qui se trouve dans un Ouvrage de ce tems-là. ,, Repréſentez-vous
,, une veille coquette rafinée, chargée de
,, rouge, de blanc & de mouches ; tout cela
,, véritablement appliqué avec tout le soin
,, & toute l'adresse possibles, cachant les rides
,, de son visage & les défauts de sa taille par
,, une parure également magnifique & bien
,, entendue; souriant de la manière la plus
,, fine & la plus étudiée, mais ricanant à
,, droite & à ganche, & grimaçant sans cesse.
,, Toujours du brillant & de la vivacité, ni
,, justesse, ni prudence ; des airs engageans,
,, une envie perpétuelle de plaire à tout le
,, monde ; ayant au suprême dégré, le talent
,, de badiner, d'agacer les gens, avec cela
,, sans cœur, sans ame, sans sincérité ; iné-
,, gale, ne demandant qu'à changer à tout
,, moment de lieux & de plaisirs, voilà la
,, musique Italienne. Imaginez-vous d'un au-
,, tre côté, une jeune personne d'un port noble,
,, mais modeste, d'une taille grande & déliée
,, sans excès : nette, toujours habillée d'une
,, propreté galante, mais aimant mieux être
,, négligée que trop parée, magnifique cer-
,, tains jours seulement. Vive, fraîche, saine,
,, dans un embonpoint raisonnable, de belles
,, couleurs naturelles ; un grand éloignement
,, de tout ce qui est faux & emprunté, une
,, mouche ou deux de tems en tems pour cou-
,, vrir quelque petite élevure, ou quelque

encore lavée à nos yeux de la plupart de ces reproches. Son récitatif sur-tout est aussi mauvais qu'il l'était dans le dernier siècle, & il était alors regardé comme très-inférieur au nôtre, de l'aveu des deux partis. L'Abbé Ragnenet, (50) le plus zèlé des dé-

---

„ rousseur d'accident. Ne négligeant point ses
„ avantages, riante & gracieuse autant qu'il
„ le faut, mais ni coquette, ni follement ba-
„ dine, un esprit doux, simple naturel, mais
„ capable de choses solides & sérieuses ; par-
„ lant bien sans s'en piquer, sans vouloir par-
„ ler toujours ; un bon cœur, sensible autant
„ & selon qu'il le doit être ; jamais d'inégalité
„ dans l'humeur, très-rarement dans la
„ beauté ; c'est-là une dame que vous devez
„ reconnaître, & c'est la musique Française.
(Comparaison de la musique Française & de la musique Italienne, deuxième édit. Bruxelles 1705.)

(50) Cet Abbé en revenant d'Italie publia ses monumens de Rome, où il vante beaucoup le mérite des Italiens. Les *Conservatori* pour payer ses éloges, lui décernèrent le titre de *Citoien Romain*. L'Abbé voulut à son tour leur marquer sa reconnaissance en mettant au jour son *parallele* où il veut à toute force établir la supériorité des Italiens sur les Français dans tout ce qui concerne les Operas & la musique. Bourdelot & la Vieville de Fresneusse l'ont réfuté dans différens Ouvrages réimprimés plusieurs fois, tels que l'*Histoire de la mu-*

fenseurs de la musique Italienne, convient dans son *paralelle des Italiens & des Français, &c.* (édition de 1704, pag. 72,) que notre récitatif était beaucoup plus beau que celui des Italiens, & c'était là, selon lui, le principal avantage de la musique Française. Il lui accorde encore la supériorité dans les chœurs & la danse. St. Evremont, long-tems avant lui, avait dit que le *récitatif Italien était fort ennuyeux, & qu'on pouvait le définir un mauvais usage du chant & de la parole.* Les Italiens de bonnefoi conviennent encore aujourd'hui que ce récitatif est une psalmodie platte & triviale, & l'on veut nous le faire adopter & trouver beau malgré nous !

 Au reste, il n'est point de règle

---

fique en 4 vol. in-12, &c. La comparaison de la musique Française & Italienne, & autres

générale qui ne souffre des exceptions. On rencontre quelques exemples d'un bon récitatif chez les Italiens. Nous n'avons jamais entendu, fans un grand plaisir, la scène de la *Servante-Maîtresse* qui commence ainsi : *jouiffez cependant du destin le plus doux*, *&c*. Elle nous a toujours paru faire une grande impreffion fur l'ame des spectateurs. Mais les partifans de la mufique Italienne pourraient-ils ne pas avouer que le récitatif de cette fcène eft abfolument dans le goût Français, même dans l'accompagnement qui eft foutenu ? Ne doit-on pas conclure de cet exemple, que le récitatif Français & le récitatif Italien ne font qu'une même chofe quand ils font bien faits ? Lorfque le fentiment & la paffion s'expriment du ton qui leur convient, la mufique eft néceffairement bonne de quelque pays qu'elle foit. Si l'on n'en rencontre pas souvent d'excellente en Italie non plus qu'en France, c'est que les grands Artistes sont très-rares partout. *Pauci quos æquus amavit Jupiter.*

Il ne faut donc pas croire que Lulli ait composé sa musique d'après celle de son pays ; il était sans-doute fort en état d'en faire de semblable à celle des Luigi, des Buononcini, des Carissimi ; mais il se garda bien de marcher sur leurs traces. La simplicité touchante des airs de Boisset, de Camus, de Lambert lui parût bien plus digne d'être imitée, que la pétulance des ariettes Italiennes, leurs roulades éternelles & leurs tours de force pour lesquels on est obligé de fabriquer expressément des voix, la nature ayant oublié d'en faire d'assez belles pour amuser les Italiens, & pour exécuter leur musique. Lulli se contenta de perfectionner la musique qu'il trouva établie en France, & s'il en est communément regardé comme le créateur, c'est qu'il l'introduisit au théatre, & que c'est là l'époque où elle commença d'acquérir de la célébrité en Europe. Il fût l'instituteur de l'Opéra (51) avec l'inimitable Quinault, & c'est à ces deux grands hommes réunis que nous sommes redevables de ce spectacle enchanteur.

Où les beaux vers, la danse, la musique,
L'art de tromper les yeux par les couleurs,
L'art plus heureux de séduire les cœurs
De cent plaisirs, font un plaisir unique.

―――――――――――――――

(51) On avait déjà représenté à Paris quelques Opéras Italiens, des piéces à machines, telles que l'*Andromède* de Corneille, les ballets de Benserade, la pastorale de *Pomone* de Perrin ; mais ce n'est qu'à la représentation des *fêtes de l'Amour & de Bacchus* qu'on rapporte ordinairement l'origine de l'Opéra tel qu'il subsiste aujourd'hui. C'est le premier Opéra donné après l'institution de l'Académie de musique par Lettres-Patentes en forme d'Edit du mois de May 1672.

La préférence donnée par Lulli à la musique Française a d'autant plus de poids, qu'elle doit avoir été le fruit d'un choix raisonné. Il a fallu de grandes raisons pour que ce musicien abandonnât les principes dont il avait été imbu dans sa jeunesse, & ne se laissât pas séduire par la vogue des compositeurs de son pays.

Rameau avoit aussi passé une partie de sa jeunesse en Italie ; il avait reconnu que si les musiciens Italiens l'emportaient de beaucoup sur nous par leurs symphonies & par l'exécution, nous l'emportions autant sur eux par le chant. C'est pourquoi lorsqu'il introduisit tant de nouveautés à l'Opéra de Paris, ce ne fut que dans les symphonies & dans les divertissements. Il dût, pour ainsi dire, créer des musiciens nouveaux pour exécuter ses premiers Opéras. Les symphonistes de ce tems, accoutumés au diatonique de Lulli & de ses imitateurs, se crurent transportés dans une autre région en voyant la tragédie *d'Hippolite*, remplie de traits mâles & hardis, & de pratiques d'harmonie inusitées jusqu'alors. L'Auteur fut obligé de vaincre leur répugnance, & de les forcer de devenir habiles malgré eux. Si l'orchestre de l'Académie de musique est justement admiré des connaisseurs pour sa belle exécution, (52) c'est à Rameau que nous en sommes redevables. Ce grand homme n'eût pas craint de réformer aussi ou de changer le chant de Lulli s'il avait crû qu'on en pût faire de plus beau & de mieux adapté à notre langue. Il le prit pour modèle, bien loin de lui substituer celui des Italiens. Il

---

(52) Ceci ne détruit pas ce qu'on a dit plus haut, relativement à l'accompagnement du récitatif; qu'on dise à l'orchestre d'adoucir davantage, il le fera.

admira sur-tout son récitatif qui lui parût susceptible des plus grandes beautés, & fait pour exprimer avec toute l'énergie possible le langage des passions. (53) Il ne tarda pas à le prouver lui-même par des exemples: M. d'Alembert qui n'est rien moins qu'entousiaste & qu'on accusera pas de trop aimer la musique Française, propose pour modèle d'un bon récitatif, un morceau du deuxième acte de Dardanus; *il me semble, dit-il, qu'un excellent acteur qui aurait à déclamer tout cet endroit de la scène de Dardanus, le rendrait précisément comme il est mis en musique.... Il n'est pas possible de porter plus loin que le*

---

(53) ,, Toujours occupé de la belle déclamation & du beau tour de chant qui règnent dans le récitatif du grand Lulli, je tâche de l'imiter, non en copiste servile, mais en prenant comme lui la belle & simple nature pour modèle. ,, Rameau, préface des *Indes galantes.*

compositeur

compositeur l'a fait, la vérité du sentiment & la ressemblance du chant avec le discours, &c. (54)

C'est d'après de tels morceaux qu'il faut apprécier le récitatif Français. Il se prête à toutes les formes entre les mains d'un habile homme. En voulez-vous des exemples de différens genres dans un même Opéra ? Voyez la première scène du premier acte de Castor & Pollux, c'est le ton naturel, mais noble & plein de vérité, d'une conversation entre des personnages élevés ; dans le combat de générosité entre Castor & son frere, au 4me acte, il est sublime ; dans la grande scène du 5me acte, il est touchant & pathétique ; la passion la plus tendre y respire. Le musicien, par un art admirable, a sçu y exprimer en même-

---

(54) Mélanges de Littérature, tom. 4 de la liberté de la musique.

tems, la joie & la douleur, l'espoir & la crainte. (55) L'intérêt le plus vif règne dans toute cette belle scène. Avec quelle énergie le cri déchirant de désespoir, n'est-il pas rendu lorsque Castor s'écrie : *arrête Dieu vengeur, arrête !*

Malheur aux hommes qui seraient insensibles à de telles beautés !

Rameau a composé un grand nombre d'Opéras ; (56) il n'en est aucun où l'on ne trouve des exemples d'un bon récitatif. Emule de Lulli dans cette partie, il lui est très-supérieur dans toutes les autres, & personne depuis n'a

---

(55) On pourrait en quelque sorte comparer cette scène touchante au tableau de la galerie du Luxembourg, où le peintre a exprimé à la fois sur le visage de la Reine qui vient de mettre Louis XIII au monde, la douleur, la joie, l'inquiétude & la tendresse maternelle.

(56) Nous croyons qu'il faut dire *Opéras* au pluriel, & non *Opera*, parce que du moment que ce mot a été naturalisé en France, il a dû se soumettre aux loix du pays.

prétendu lui difputer le premier rang dans aucun genre. Que l'on fe rappelle les grands tableaux de mufique répandus dans fes Ouvrages ; que l'on compare les diverfes fenfations que nous ont fait éprouver, la pompe funèbre, le tumulte des Enfers, le calme des champs élyfées, dans *Caftor & Pollux*, la prifon de *Dardanus*, l'évocation magique du 4me acte de *Zoroaftre*, l'élégance, la fuavité, la richeffe des *Indes Galantes*, des *Talens Liriques*, de *Naïs*, de *Pigmalion*, &c. La gaieté & le comique de *Platée* & des *Paladins*, & on conviendra que ce grand peintre a réuni dans un dégré éminent, la force & la majefté de Raphaël & de Michel Ange au coloris du Titien, & la féconde imagination de Rubens à la délicateffe de l'Albane.

Que vois-je ? c'est Rameau, le fils de
    Polymnie ;
Sur sa lyre, ses doigts, source de l'har-
    monie,
Se promenent rapidement ;
Soit que faisant gronder la foudre &
    les orages,
De la mer soulevée, il chante les ra-
    vages
Et le sombre mugissement :
Soit que ses sons légers, enfans badins
    des graces,
De l'Amour & des jeux qui volent sur
    ses traces,
Nous fassent partager le doux enchan-
    tement.
Ce hardi Promothée au séjour des
    nuages
A dérobé le feu qui règne en ses
    accords ;
Il peint tout à nos sens par la foule
    d'images
Qu'enfantent à la fois ses lyriques trans-
    ports. (57)

---

(57) M. François de Neufchateau ; discours
à l'Acad. de Dijon.

Le récitatif Français employé par nos deux plus fameux muficiens, quoique l'un fut né & élevé en Italie, & que l'autre s'y fut rendu expreffément pour fe perfectionner le goût; ce récitatif adopté, après eux, par tous les compofiteurs qui fe font diftingués fur la fcène lirique, tels que les Destouches, les Campra, les Mouret, les Mondonville, les Rebel, & qui a été fi applaudi dans les cantates des Clerambault, des Bernier, & même de l'Italien Stuck, dit Baptiftin, ce récitatif a trouvé grace auffi aux yeux de l'ennemi le plus outré de la mufique Françaife. M. J. J. Rouffeau qui a prétendu que non-feulement nous n'avons point de mufique, mais que nous n'en pourrions jamais avoir, (58) & qui cependant

___

(58) Lettre fur la mufique Françaife par J. J. Rouffeau. Voyez auffi la réponfe où M. Marmontel a réfuté les paradoxes de cette lettre.

dit aujourd'hui que nous en avons une, n'a-t'il pas fait de la *musique Française;* & du récitatif purement Français? s'il est vrai toutefois qu'il soit l'Auteur de la musique du *Devin du village.*

On sera peut-être surpris de nous voir mettre une pareille chose en question. Voici ce qui a donné lieu à nos doutes. Nous avons lû dans un ancien Journal Encyclopédique, dont nous ne pouvons à présent nous rappeller la date, que la musique du *Devin de Village* était de feu M. Gautier, Musicien de Lyon, & cela était annoncé comme une chose connue de tout le monde. En effet, des Musiciens de cette ville nous ont rapporté la même anecdote; mais comme elle nous est indifférente au fond, nous n'avons pas fait d'autres recherches à cet égard. Nous laisserons aux curieux le soin de la véri-

fier. Nous avons vu auſſi une lettre imprimée de Rameau à M. d'Alembert, où ce muſicien ſemble être du même avis que l'auteur du Journal Encyclopédique. Voici le paſſage où il eſt queſtion du *Devin de Village*. » Il a
» fait (M. J. J. Rouſſeau) un Roman
» où s'il s'agit de la muſique, ce n'eſt
» plus que pour jetter au feu toute la
» muſique françaiſe & ſans doute
» tout ce qu'il en a écrit; car il n'ex-
» cepte pas même un des jolis actes
» (le Devin de Village) qui ayent
» paru ſur notre ſcène lyrique, &
» qui ne peut être dû qu'à une paſ-
» ſion dominante pour l'art. Se peut-
» il que loin d'être encouragé par
» le plus brillant ſuccès à ſuivre une
» carrière auſſi heureuſement com-
» mencée, il ait préciſément choiſi
» les premiers inſtans de ce ſuccès
» pour ſe déchaîner contre la muſi-
» que françaiſe, dont cet acte fait

» partie? (59) Et qu'enfin défespéré
» du peu de fruit de ses déclamations
» quoique secondées par certains par-
» ticuliers qui comptent beaucoup
» sur leurs opinions & sur la ma-
» niere de les faire valoir, il
» ait condamné le tout aux flammes?
» *Il faut qu'un manque de secours*
» *néceſſaire l'ait porté à cette ex-*
» *trémité: n'en doutons pas.* «

Dans un petit ouvrage intitulé:
Apologie du goût français relative-
ment à l'Opéra, imprimé à Paris
en 1754. M. Rousseau est appellé
le pere *putatif* du *Devin de Village*.
(Disc. prélim. pag. 12.)

Depuis la mort de M. Gautier &

---

(59) Si M. Rousseau a fait la musique du *Devin du Village*, nous devons croire qu'il ne parlait pas sincerement en décriant la musique Françaiſe, ſans quoi il y aurait une contradiction manifeſte dans ſa conduite. Il reſſemble peut être à ces Journaliſtes qui admirent en secret les Auteurs dont ils disent du mal en public.

la représentation de cet Interméde en 1752, on n'a vu paraître aucun ouvrage en musique de M. Rousseau, & l'on sçait qu'ayant composé en dernier lieu une scène lyrique de Pygmalion, (espece de drame très-singulier que le bon goût réprouve) il eût recours à une main étrangère pour la musique, quoique personne ne dût mieux savoir que lui-même les nuances qu'il convenait de donner à la symphonie. Au surplus, nous sommes loin de vouloir dépouiller M. Rousseau de sa gloire. Au contraire, nous desirons ardemment qu'il soit l'auteur de la musique du *Devin de Village*, & qu'il dissipe jusqu'au moindre doute à ce sujet, en nous donnant encore des Intermédes aussi jolis que celui-là, & même des ouvrages d'un plus grand genre. Il vaut mieux composer de bonne musique que d'en copier de la médiocre;

& ce n'est pas déroger à la Philosophie que d'augmenter les plaisirs de ses semblables en contribuant aux progrès des Arts.

Lorsque ce terrible ennemi des sciences, des beaux arts, des spectacles & de tous nos amusemens, voulut prouver que le récitatif de Lulli ne valait rien, on vit Rameau repousser ses attaques avec chaleur & prendre en main la défense du créateur de notre opéra. Il vengeait l'homme célèbre qui pouvait seul lui disputer encore l'empire de la scéne lyrique & dont il se reconnaissait le disciple: (60) tant les grandes ames sont au-dessus de l'envie! L'amour de la vérité l'emportait chez lui sur les conseils de l'amour propre & sur

---

(60) Voyez le code de musique, pag. 168, & les observations sur notre instinct pour la musique, où Rameau démontre, contre M. Rousseau, la beauté du célèbre monologue d'Armide : *enfin il est en ma puissance*, &c.

son intérêt particulier. On a remarqué de tous tems que les hommes de génie sont aussi modestes que les ignorans sont orgueilleux. Rameau défendant Lulli offrait sans doute un spectacle intéressant aux yeux des Philosophes & des Artistes ; c'était Rubens couvrant Vandick de sa palette & le garantissant des traits de ses ennemis ; ou pour nous exprimer comme un ancien Journaliste de Trévoux dans la même occasion, c'était Cicéron qui n'eût pas souffert qu'on déprimât Hortensius.

Quand nous parlons de *musique française* & de *musique italienne*, c'est pour nous conformer au langage reçu ; car nous ne reconnaissons, ainsi que nous l'avons déja dit, qu'une seule musique ; c'est celle qui parle au cœur & à l'esprit, celle qui peint & qui exprime, qui seconde l'intention du Poëte, & grave plus profondément dans l'ame des spectateurs les idées qu'il y fait naître. Voilà la bonne musique. Elle est de tous les pays. On n'a jamais prétendu que l'Italie produisît exclusivement les grands Peintres & les grands Sculpteurs; pourquoi serait-elle privilégiée à l'égard des Musiciens? Si des Opéras traduits de l'Italien ont été bien accueillis en France, des Opéras français traduits en italien ont pareillement réussi dans des Cours étrangères. (61) On a vu la musique de Rameau très-applaudie en Italie. Les hommes sont par-tout les mêmes quant au fond: les tableaux de musique où le compositeur a employé les couleurs vraies, & qui réunissent

_____

(61) L'opéra de Zoroastre traduit en Italien eut un très-grand succès à Dresde en 1752. On a souvent exécuté des morceaux tirés des Opéras de Rameau sur les théatres de Parme, de Naples & de Florence, & surtout ses airs de ballet.

tout ce que la perfection de l'art exige, ont également droit de toucher leurs fens, en quelque pays que ce foit. La méchanique des langues ou un ufage quelconque a pu mettre de la différence en certaines parties de la mufique chez les peuples qui cultivent cet art. Le récitatif français & le récitatif italien, par exemple, ne fe reffemblent pas; mais fi l'on y fait bien attention, l'on verra que cette différence confifte prefqu'uniquement dans la manière de le débiter & fur-tout dans les parties acceffoires d'accompagnement. La partie vocale du récitatif doit être prefqu'uniforme chez toutes les Nations lorfqu'elle eft faite par un habile homme, par un obfervateur exact de la belle Nature. Les cris de la joie, de la douleur, de la furprife, de l'indignation &c. font partout les mêmes. On a prétendu qu'ils font

M

nécessairement déterminés par la conformation des organes qui produisent la voix ; qu'ils ont donné naissance à la langue primitive d'où toutes les autres sont dérivées, & qu'on en reconnaît sensiblement les traces dans les langues mortes & vivantes, malgré les différences considérables que des causes particulières y ont introduites. On peut voir à ce sujet les discussions profondes de M. de Gébelin, & le sentiment de l'Auteur des *recherches Philosophiques sur les Américains* ; l'un des Ouvrages les plus curieux que nous ayons lûs. (62)

---

(62) Page 181 & 205, tome 2, de l'édition de Clèves 1772. Cette édition faite d'après la 2me de berlin, est beaucoup plus ample que la première, qui a été contrefaite dans différentes villes de France. Ce livre est encore un de ceux dont on peut dire *summa petit livor*. Il a attiré à son Auteur beaucoup de critiques & beaucoup d'injures. Il y a entre autres une *pesante dissertation sur l'Amérique*, qui n'a servi qu'à faire mieux sentir le mérite des recherches de M. Paw. Ce savant, à l'endroit indiqué, observe que les langues des Peuples

Le succès des Opéras d'Iphigénie & d'Orphée, de M. le Chevalier Gluck, a donc été indépendant de son récitatif Italien. Ils l'ont mérité à d'autres égards. On ne peut disconvenir que les sujets n'en soient très-intéressans par eux-mêmes. On chercherait vainement dans l'antiquité une fable plus lyrique que celle d'Orphée. Quant à celle d'Iphigénie, Racine nous en avait déjà fait sentir tout le mérite. On trouve d'ailleurs dans ces Opéras des morceaux de musique très-bien faits, & qui sont en droit de plaire partout, parce qu'ils ont de l'expres-

---

nouveaux, sont très-pauvres, & ne s'étendent guères au de-là de leurs besoins Physiques. Tel était celle des Américains ; d'où il résulte que cette Nation n'était point fort ancienne au tems de la découverte du nouveau monde, où qu'elle avait essuyé de terribles révolutions. Par la même raison nous devons croire que les Grecs étaient civilisés depuis long-tems, lorsque Homère fit l'Iliade, & que cet Ouvrage avait été précédé d'un grand nombre d'autres qui se sont perdus par le laps de tems.

sion ; c'est par-la même que plusieurs d'entr'eux, ont quelque ressemblance avec nos beaux morceaux Français. Des Italiens envieux qui n'avaient sûrement pas les talens de M. Gluck, qui est Allemand, ont pris de-là occasion de lui reprocher qu'il faisait de la musique Française. Ils auraient pû avec la même justice, faire de semblables reproches à Pergolèse, leur compatriote, relativement à divers endroits de ses Opéras, & en particulier à celui que nous avons cité. Nous trouvons aussi dans le récitatif de M. Gluck, plusieurs scènes dignes d'éloge, quant à la partie vocale. Elles prouvent la vérité de ce que nous disions plus haut ; que la nature s'exprime à-peu-près de même chez tous les hommes, dans les grands mouvements de l'Ame & l'effervescence des passions. En effet, choisissons les morceaux les plus applaudis de ce récitatif; supprimons l'accompagnement qui nous a toujours paru insuportable, comme celui de tous les compositeurs Italiens. N'y laissons subsister qu'une basse-continue qui ajoûtera encore à l'expression au lieu de choquer l'oreille, & de détruire toute l'illusion; déclamons alors la scène avec noblesse, & ne la débitons pas d'une manière vive & précipitée, afin de ne point confondre tous les genres, car la pure Nature ne doit pas être imitée partout. (63) En évi-

---

(63) Nous avons toujours pensé que la tragédie destinée à peindre les grandes actions des Dieux, des Rois & des Héros, ne devait pas être déclamée du ton de la conversation ordinaire, comme la comédie qui n'est que la représentation naïve des mœurs & des travers que nous avons chaque jour sous les yeux. Nous croyons qu'il est ridicule de confondre des choses si différentes, sous prétexte qu'il faut partout du naturel. La déclamation tragique telle que l'ont employé les grands acteurs, & telle que nous l'admirons dans celui de Paris, qui semble après vingt ans de travaux, l'avoir portée au plus haut degré de perfection, n'est point un usage arbitraire ou de pure conven-

tant le ton familier & trivial. Ne tombons pas dans une lenteur extrê-

---

tion. C'est le fruit de leurs réflexions & d'une étude approfondie de l'antiquité. Les Grecs & les Romains en dépeignant Thalie & Melpomène avec des traits si différens, ne croyaient pas qu'on dût un jour les confondre. Voyons comme les grands maitres en poësie & en littérature s'expriment à ce sujet. Il est bon de remettre leurs préceptes sous les yeux des jeunes gens, dans un tems où l'on se plaint de toutes parts qu'ils sont oubliés.

In eâ vero differentia & tragedia & Comedia separata est ; hæc enim pejores, illa meliores imitari vult, quam ii qui nunc sunt. (Arist. art. Poët.)

On voit par ce passage d'Aristote, que notre comédie de caractère qui peint les hommes tels qu'ils sont, tient le juste milieu entre la tragédie & la comédie des Grecs. Le même Auteur définit ainsi la tragédie : *est igitur tragedia imitatio actionis probæ & perfectæ magnitudinem habentis, suavi sermone... dico suavem sermonem habentem numerum & harmoniam & melodiam &c.*

Itaque & in tragedia comicum vitiosum est & in comedia turpe tragicum & in cæteris suus est cujusque certus sonus & quædam intelligentibus nota vox. (Cicero)

Sua cui que proposita lex, suus decor est, nec comœdia in cothurnos assurgit, nec contra tragedia socco ingreditur (Quintil.)

Versibus exponi tragicis res comica non vult.
Indignatur enim privatis & prope socco
Dignis Carminibus narrari cæna Thyestæ.
Singula quæque locum teneant sortita decenter.
(Horat.)

L'Ami des Arts. 139

me ou un emphase extravagante : tous les excès sont blamables ; conservons la dignité qui sied à Melpomène. Ne précipitons le mouvement du discours, que lorsque la passion l'exige nécessairement, & de cette façon les belles scènes de M. Gluck ne seront autre chose que du récitatif Français.

Les Italiens se sont imaginé qu'il était possible de débiter le récit *noté* avec la même vitesse que le récit *parlé*, & les efforts que font leurs chanteurs pour en venir à bout, donne

---

Des tons fiers & hardis du théatre tragique
Paris court avec joie aux graces du comique;
C'est-là qu'il veut qu'on change & d'esprit &
    de ton,
Il se plaît au naïf, il s'égaie au bouffon,
Mais il aime surtout qu'une main libre & sure
Trace des mœurs du tems la fidelle peinture.
(M. de Voltaire disc. prélim. d'Eryphile.)

La perfection consiste à assortir toujours le stile au sujet que l'on traite C'est un précepte de rigueur dans la musique comme dans la Poësie, la peinture, la déclamation & tous les Arts imitatifs.

à leur récitatif un air de contrainte qui le rend encore plus ridicule. Par cette célérité le vice de l'accompagnement s'y fait beaucoup mieux sentir. Figurons-nous l'orchestre de la Comédie Françaife coupant la parole à l'Acteur qui eft fur la fcène, (par exemple à M. Belcourt jouant le rôle du Babillard, ou à M. Molé jouant celui d'un petit maître) par des accords confonans ou diffonans, répétés prefqu'entre chaque mot & ifolés, de façon que, fi d'un côté l'accompagnement interrompt le fens des paroles, de l'autre les mots ne font pas moins nuifibles à l'harmonie, en détruifant la fuite & la liaifon naturelle des accords. Tel eft l'effet du récitatif des Italiens. C'eft une contradiction remarquable chez eux de vouloir rapprocher autant qu'il eft poffible leur *récitatif* du *difcours ordinaire*, & d'y joindre un accompagnement qui s'oppose fortement à leurs propres idées, puisqu'il ne permet pas qu'il subsiste la moindre ressemblance entre l'un & l'autre, & qu'il fait évanouir toute espéce d'illusion. S'il était possible de déclamer le récit *noté* avec autant de volubilité que le récit *parlé*, ce que nous croyons impraticable, les défauts du récitatif Italien n'en seraient que plus choquans sur-tout dans le Tragédie.

,, Le plat récitatif des Romains adopté
,, Est le simple discours du bas peuple emprunté.
,, Le nôtre plus décent, sur-tout plus pathétique,
,, S'élève à la hauteur du spectacle lyrique,
,, Et mêlant plus de grace à plus d'expression,
,, De ses propres beautés échauffe l'action. (64).

---

(64) *Apologie du goût Français*, chant 4me. les idées du Poëte sont assez conformes aux

On ne s'apperçoit pas dans l'opéra français de cette disparate qui règne entre les différentes parties de l'opéra italien.

» Un discours élevé, noble & plein
    d'énergie,
» Avec le ton tragique a plus d'ana-
    logie,
» Il en soutient l'éclat. Le ton simple
    & bourgeois
» Sied très-mal dans la bouche & des
    Dieux & des Rois.
» L'art dans un Opéra veut montrer
    sa puissance,
» Tout s'y doit ressentir de sa mag-
    nificence.
» Le dialogue enfin qui sert de liaison
» S'il ne répond au reste offense la
    raison.
» *L'Italien déclame en suivant la nature*
» *Voilà le vrai*, dit-on.... Quoi dans
    l'Architecture

---

nôtres. Nous nous sommes permis seulement de changer quelques vers, qui nous sembloient manquer de justesse. En général, ils péchent plus par la forme que par le fond.

„ Pour former un Palais avec art com-
   biné,
„ Ne faut-il pas un plan bien pro-
   portionné ;
„ Qu'un vestibule vaste en sa forme
   prescrite,
„ Annonce la grandeur du maître qui
   l'habite,
„ Qu'il offre pour entrer dans les
   sallons divers
„ Des passages heureux commodément
   ouverts,
„ Et qu'aux appartemens dignes de
   nos féeries,
„ Correspondent du moins de belles
   galeries ?
   „ Tel est tout l'édifice & le corps
      musical ;
„ Même proportion, plan pareil, ordre égal,
„ Son caractère propre y doit par-tout
   paraître ;
„ Jusqu'au récitatif tout le fait re-
   connaître.
„ C'est le passage heureux, l'adroit
   dégagement,
„ Qui conduit & répond à quelque
   appartement.

„ Faut-il donc qu'il rebute & que son goût maussade
„ N'ait rien qui du palais soutienne la façade ?
„ Et par des souterrains, sombres, fastidieux,
„ Convient-il d'arriver dans le séjour des Dieux ?

Les Italiens ont toujours crû nous dédommager de l'ennui que porte avec lui leur récitatif par la multitude d'ariettes dont ils emplissent leurs Opéras. c'est ce qui faisait dire au même Poëte :

Aimez - vous l'ariette ? on en a mis partout,
Pour les Italiens c'est un friand ragoût.

Mais cette ressource des ariettes dont on abuse étrangement, est elle donc si admirable pour tant s'en prévaloir ? Le compositeur qui dans les situations les plus pathétiques s'épuise en roulades lorsqu'il devrait peindre

dre les sentimens profonds dont ses personnages doivent être pénétrés; croit-il mériter l'approbation des gens de goût? il étonne lorsqu'il faut toucher. Il contrarie ouvertement l'intention du Poëte, en *nous occupant du Chanteur, & en nous faisant oublier le personnage qu'il représente ;*

„ Il croit de l'art suprême atteindre la hauteur
„ Et remplir mieux que nous, l'ame du spectateur.
„ Mais son vain étalage est-il une richesse ?
„ Ces points d'orgue éternels où brille son adresse,
„ Ces cascades de sons qui ne finissent point,
„ Marquent la bouffisure & non pas l'embonpoint.
„ Il faut du sentiment ; il faut de la pensée :
„ La musique n'est point une belle insensée
„ Qui folâtrant toujours, riant hors de saison,

,, Méconnaît la décence & combat la
.....raison ;
,, Ou qui d'ornemens vains chargent
.....sa tête altière,
,, Prend le ton de coquette, & fait la
.....minaudière.

La plupart de nos Opéras Français nous paraissent remplacer ce clinquant par des beautés plus solides. Ils sont exempts des défauts qu'on reproche ici au récitatif & aux ariettes des Opéras Italiens. Il ne faut pas croire cependant que notre récitatif soit toujours excellent; il en est sans doute d'ennuyeux, comme il se trouve du bon & du mauvais style chez les divers Auteurs d'une même Nation. Si les livres bien écrits & bien pensés, sont beaucoup plus rares que les autres, c'est aux Ecrivains qu'il faut s'en prendre, & non pas à la langue.

C'est le sort de tous les Ouvrages qui ont eu une grande réussite à

Paris, de faire naître beaucoup de copies qui souvent sont très-médiocres. Après les succès de M. Gluck, il ne fallait plus que de la musique dans le goût Italien. On crût qu'avec du récitatif à la mode on devait nécessairement réussir, mais on se trompa. Quatre ou cinq Opéras nouveaux de cette espèce, représentés successivement au théatre de l'Académie de musique, n'eurent aucun succès, & rapportérent fort peu d'argent à Messieurs les entrepreneurs. On ne se ressouvient pas d'avoir jamais fait des recettes plus modiques qu'aux représentations de ces nouveautés, ce qui prouve au moins que l'enthousiasme à cet égard commence à se dissiper. (65)

Vers le même tems, les acteurs

---

(65) Souvent la recette montait à peine à 600 l. par représentation.

Italiens s'avisérent de donner quelques parodies sur leur théatre, & il ne manquait plus pour constater la dépravation du goût, que de voir renaître ce genre méprisable & facile que la raison avait banni depuis si long-tems, & qui était oublié.

Malgré le peu de succès des Opéras représentés par l'Académie Royale de musique, on ne peut nier que plusieurs d'entr'eux n'offrissent des morceaux pleins de mérite. La bonne foi qui nous anime, ne nous permet pas de dissimuler les grandes beautés musicales de la tragédie de *Céphale & Procris*. Nous sommes très-fâchés qu'on leur ait associé du récitatif dans le goût Italien & c'est-là vraisemblablement ce qui a contribué au peu de succès de la piéce. L'Auteur, quoiqu'étranger, paraît si bien connaître le rythme & la prosodie de notre langue, il exprime avec tant de justesse, le ton du sentiment & le cri des passions, que nous sommes convaincus que son récitatif accompagné à la Française, aurait enlevé tous les suffrages. Ce Compositeur nous semble d'ailleurs réunir tout ce qui forme le grand musicien. Sa fécondité sur-tout a de quoi étonner. Il a donné au Public dans l'espace d'environ six années, douze Opéras qui tous ont un caractère original & des beautés neuves. Il deviendra le digne successeur des Lulli & des Rameau quand il voudra ne suivre que l'impulsion de son génie, & ne plus s'asservir à des goûts ou des modes qui peuvent passer. (66)

―――――――――――――――

(66) Le plaisir infini que nous a fait la musique de ce Compositeur, nous engage par reconnaissance à ne pas dissimuler les taches légères que nous avons cru remarquer dans ses derniers Ouvrages, c'est la profusion des ornemens. Nous savons qu'il travaille pour des gens qui ont le goût usé, & qui demandent d'être réveillés par cette broderie. On passe

Nous l'avons entendu blâmer par certaines gens de ce qu'il paraissait s'attacher de préférence à l'Auteur des Poëmes de *Céphale & Procris*, du *Silvain*, de l'*Ami de la maison*, de *Lucile*, &c. sans connaître aucunement M. Marmontel, & sans qu'on nous soupçonne de basse flatterie, nous croyons pouvoir nous expliquer ingénuement sur son compte; nous regardons ses Poëmes comme les meilleurs de tous ceux que M. Grétri a embelli de sa musique. Nous croyons qu'on leur rendra la même justice,

---

encore ces roulades, ces traits éblouissans dans les grands morceaux de commande, uniquement destinés à faire briller le talent de la chanteuse, pourvu que les agrémens soient placés sur des syllabes propres à cela, & jamais sur les monosyllabes. Partout ailleurs nous désirerions que l'Auteur en fût plus sobre. Sa musique a assez de mérite réel pour plaire sans le secours de ces ornemens superflus. Le chant neuf & varié, les effets d'harmonie *placés à propos*, l'invention, le goût, & surtout l'expression, le premier mérite des Artistes, la distingueront toujours aux yeux des connaisseurs.

soit qu'on les considère du côté de l'intérêt, soit du côté du style. On lui a l'obligation d'avoir introduit au Théatre Italien un genre nouveau & inépuisable. Sans lui peut-être, on eût continué d'y faire passer en revue tous les corps de métier les uns après les autres, à la faveur d'une intrigue mesquine & rebattue de deux jeunes gens traversés dans leurs amours par une vieille ou par un bailli, suivant l'usage. M. Marmontel a puisé dans une source plus élevée où l'on trouve des sujets très-intéressans & des sujets vraiment comiques, qui ne sont point des farces, des poëmes en un mot qui peuvent amuser d'honnêtes gens pendant une heure ou deux. Avant que la matière manque au Poëte & au Musicien il faudra que le champ de la comédie, de la féerie & de la pastorale, soit totalement épuisé. Ils sont très-dignes aussi de moissonner dans celui de Melpomène; ils en ont déja donné des preuves. Ainsi loin de chercher à dégoûter le musicien d'une pareille association, on devrait l'engager à en resserrer les nœuds. A quoi ont servi toutes ces clameurs contre M. Marmontel? A nous priver de nos plus doux plaisirs. Elles sont cause que M. Grétri se défie de son goût & de ses forces, & ne fait plus rien depuis deux ans. (67) Le beau service qu'on a là rendu aux amateurs de la bonne musique!

M. Floquet, jeune musicien d'une grande espérance, a aussi échoué dans

---

(67) Nous savons à n'en pouvoir douter que depuis la charmante musique de la *fausse Magie*, l'Auteur n'a rien composé pour le théatre, & que dans cet intervalle de plus de deux ans, il n'a fait d'autre musique que quelques couplets pour une fête à laquelle il se trouvait. On nous assure aujourd'hui qu'il s'est enfin remis au travail, & nous nous en félicitons.

le nouveau genre. Il avait débuté avec succès par *l'Union de l'Amour & des Arts*, Opéra dans le goût français. Séduit par les applaudissemens donnés à la musique de M. Gluck, il voulut changer sa manière dans *Azolan*, qui tomba. (68) Puisse son voyage en Italie & les observations qu'il y fera sur les défauts & l'imperfection des opéras & de la musique italienne, le ramener à ses premiers principes !

---

(68) La chûte d'un Opéra ne ressemble point à celle d'une tragédie, d'une comédie ou d'un Opéra comique. Elle n'est pas à beaucoup près si humiliante. On dit qu'un Opéra est tombé quand il n'a eu qu'une quinzaine de représentations, eussent elles rapporté, chacune environ mille ou 1200 livres. Une pluie propice fait quelquefois doubler subitement cette recette, mais ce n'est pas là un grand succès, puisque la salle étant remplie peut rapporter 7 à 8000 l. & plus. La piéce, bonne ou mauvaise, est représentée pendant un mois ou six semaines, parce qu'il n'est pas possible de lui en substituer une autre sur le champ. On la fait aller tant bien que mal & c'est ainsi qu'ont été tous les Opéras donnés depuis *Iphigénie*, sans excepter le siége de Cythère de M. Gluck.

On doit espérer que des nouveautés si préjudiciables à la caisse de l'Académie, engageront Messieurs les Directeurs à ne pas jetter leur riche fond de musique au feu, auquel l'avaient déja condamné quelques zélés partisans de la nouvelle musique. Ils sentiront qu'il est de leur intérêt de le garder très-précieusement, comme une ressource assurée qui les dédommagera de leurs pertes, lorsque l'enthousiasme sera tout-à-fait dissipé.

Eh! qui les empêcherait de recourir encore au porte-feuille de Rameau où nous savons avec certitude qu'il existe plusieurs opéras qui n'ont point été représentés, entre autres une tragédie d'*Abaris* dont les paroles sont de feu M. de Cahusac? Il devrait y avoir aussi une tragédie de *Linus*, paroles de M. de la Bruère (69).

───────────────

(69) Poëte avantageusement connu par les Opéras de *Dardanus*, des *Voyages de l'Amour*,

Celle-ci avait été répétée chez Madame la Marquife de Villeroi, mais on ne l'a point trouvée parmi les papiers de Rameau, & l'on ne fait ce qu'elle eft devenue. (70) Il ferait à defirer que les Muficiens de la Capitale & les Amateurs éclairés qui s'intéreffent aux progrès de l'art, fiffent des recherches à cet égard & n'épargnaffent rien pour recouvrer ce tableau précieux d'un grand maître. Quelle reconnaiffance ne doivent-ils pas attendre de tous ceux qui aiment la bonne

---

du *Prince de Noifi*, &c. C'eft à lui que M. de Voltaire adreffa ces vers :

> L'Amour t'aprête fon flambeau,
> Quinault fon Miniftre fidèle
> T'a laiffé fon plus doux Pinceau.
> Tu jouiras d'un fort nouveau,
> Sans craindre jamais de Boileau,
> Et fans rencontrer de cruelle.

(70) On nous a dit que cette même tragédie a été depuis remife en mufique par MM. D'Auvergne & le Berton, mais elle n'a point été repréfentée ni imprimée.

musique ? M. le Duc de Nivernois, protecteur si distingué des lettres & des arts, auteur & musicien si estimable lui-même, pourrait donner peut-être quelques indices pour cette découverte intéressante. *Linus* fut probablement composé sous ses yeux par M. de la Bruère, son secretaire d'ambassade, lequel est mort à Rome en 1754. La répétition qui en fut faite a dû précéder cette époque de quelques années, puisque l'Abbé de la Porte en parle dans son *voyage au séjour des ombres* imprimé en 1752. » On a encore de M. de la Bruère, » dit-il, un *Linus* qui grossit le » porte-feuille de M Rameau, & » qu'on ne se presse plus de nous » donner depuis qu'on en a fait une » répétition solemnelle. «

Douze ans après le même auteur disait encore dans son journal intitulé *l'Observateur littéraire* (année 1760

L'Ami des Arts. 157
1760, tom 4, pag. 73.) » M. Ra-
» meau a dans son porte-feuille une
» autre production de M. de la Bruère,
» & il serait à souhaiter qu'il en eût
» plusieurs. De bons vers lyriques
» seront toujours surs de réussir entre
» ses mains. Souvent même il a fait
» illusion avec de mauvais. L'Ouvra-
» ge dont il s'agit ici, est l'Opéra
» de *Linus*. On en a fait une répé-
» tition chez Madame de Villeroi.
» Quelques défauts dans la musique
» du cinquième acte, ont empêché
» qu'on en donnât la représenta-
» tion. (71)

La France est-elle donc actuellement si dépourvue d'habiles Artistes, qu'il faille absolument avoir recours

---

(71) Qui sait si ces prétendus défauts n'é-
taient pas des beautés particulières auxquelles
Rameau était attaché, & si les importuns
qui voulaient les lui faire changer, ne l'ont
pas déterminé à supprimer l'Opéra entier ?
Il était homme à faire de pareils sacrifices.

aux étrangers pour nous procurer des amusemens ? N'a-t'elle pas des musiciens qui ne le cèdent point en mérite aux Compositeurs de l'Italie ? A-t'on oublié le plaisir qu'ont fait différens Ouvrages très-agréables de MM. D'Auvergne, de la Borde, le Berton ? Veut-on que ces habiles musiciens se plient au genre nouveau qu'ils savent apprécier à sa juste valeur, où qu'ils renoncent tout-à-fait à leur Art ? Ah ! loin de les décourager par des comparaisons qu'on croit être à leur désavantage, piquons les d'honneur, & persuadons leur bien que les succès qu'a eu parmi nous un Compositeur étranger, quelques grands qu'ils soient, n'ont pu faire oublier ceux qu'ils ont justement mérités ; faisons leur connaître qu'il y a différens moyens de plaire, & que comme il est dangereux & mal-aisé de quitter sa *manière* pour prendre celle d'autrui, ils auraient grand tort de renoncer au goût épuré qui leur concilia autrefois nos suffrages, pour devenir les copistes serviles du goût Ultramontain ou Germanique.

Malheureusement leurs occupations ne leur permettent pas de se livrer à la composition autant que le Public le désirerait. Un de nos amis faisait dernièrement à ce sujet des réflexions qui nous paraissent assez judicieuses.

Il serait à souhaiter, disait-il, que nos plus habiles musiciens, uniquement occupés du soin d'illustrer la scène lyrique, par d'exceliens Ouvrages, ne fussent point chargés de la direction d'un spectacle tel que celui de l'Opéra. Il serait plus convenable que cette manutention fut laissée à un amateur éclairé, à un homme de goût, comme elle le fût autrefois avec succès, du tems de MM.

de Sourdeac, Francine, Thuret &c. La première loi que devrait s'impofer un pareil Directeur, ferait de donner au public les Ouvrages qu'il aurait jugés dignes de la repréfentation, tels que les Auteurs les ont compofés. Il ne fe permettrait pas d'y faire le plus léger changement fans leur aveu. (72) Il aurait à cet égard autant de refpect pour les Opéras des Auteurs morts que pour ceux des Auteurs vivans. Sa fidélité à conferver leurs chefs-d'œuvre intacts irait jufqu'au fcrupule. Il remplirait ponctuellement l'intention des Auteurs en faifant repréfenter leurs Ouvrages exempts de tout mélange. Un Poëte qui donne

---

(72) On doit en effet confidérer un bon Opéra, comme un tout dont les parties font intimément liées les unes aux autres, & ont le ton & le caractère qui convient à leur pofition refpective ; de maniere qu'on n'en pourrait tranfpofer aucune, pas même un air de ballet dans un autre ballet, fans lui ôter une grande partie de fon mérite.

une tragédie aux Comédiens Français ne souffrirait pas qu'ils la défigurassent en la tronquant, en supprimant ses vers, & en les remplaçant par d'autres. Un Peintre un peu jaloux de sa réputation, ne permettrait pas qu'une main étrangère touchât au tableau qu'il veut exposer au Louvre. Pourquoi le Musicien n'aurait-il pas le même privilège que le Poëte & le Peintre? Combien d'autres abus d'ailleurs, ne peuvent-ils pas avoir lieu sous un directeur musicien, qui plus jaloux de sa réputation que de celle de ses Collègues, voudrait faire continuellement la loi au Poëte, au Danseur, au Décorateur? A la vérité on n'en a point à craindre avec l'administrateur actuel de l'Opéra, homme de goût, qui se fait un devoir de respecter les Ouvrages des grands maitres qui ont illustré la scène lyrique avant lui, comme il voudrait que les siens le fussent par ses successeurs. Il n'a point oublié le précepte *ne alteri feceris*, &c. Mais qui répondra que les musiciens qui pourront occuper sa place après lui, avec beaucoup plus d'amour propre & beaucoup moins de talens qu'il n'en a, ne commenceront point par falsifier & gâter ses propres Ouvrages ? Car la manie de vouloir toujours faire mieux que nos devanciers subsistera encore longtems au préjudice des beaux Arts. Inclinés à consulter leur présomption & leur vaine gloire plus que le goût du Public & l'intérêt de leurs commettans, ils occuperont sans cesse le théatre & fatigueront les acteurs & les auditeurs de leur musique. Ils refuseront ou laisseront pourrir dans un coin du magazin, des Opéras dont le mérite pourrait offusquer le leur. Ils affecteront de donner aux piéces qu'ils auront mises en musique, la place honorable, & la position la plus avantageuse; n'épargneront point la dépense pour les faire paraître au théatre avec éclat. Réserveront pour elles toute la pompe & toute la magnificence du spectacle, & pour leur donner encore plus de lustre, ils feront représenter à-peu-près dans le même tems, d'une manière négligée & mesquine, quelqu'ouvrage de nos grands maîtres, qu'ils auront eu soin de tronquer & de défigurer au point de le rendre méconnaissable; il sera peu suivi; d'un autre côté, le nouvel Opéra attirera la foule par le magnificence des ballets, des décorations, la beauté de l'exécution & la réunion des meilleurs acteurs; & l'on ne manquera pas de conclure que le nouveau musicien est très-supérieur à l'ancien.

Ces abus ne pourraient point avoir lieu sous la direction d'un amateur instruit, qui sourd à la brigue & sans avoir égard à la protection ou à la cabale, admettrait tous les musiciens, selon leur mérite, aux honneurs de la représentation, & ne serait point intéressé à faire briller les uns aux dépens des autres. Indépendamment de ces inconvéniens on peut encore observer qu'il est bien difficile, pour ne pas dire impossible, qu'un homme qui se partage entre la composition d'ouvrages dramatiques & les soins infinis qu'exige l'administration d'un spectacle tel que celui de l'Opéra, produise de grandes choses. La gloire ne veut pas être adorée à demi, & ne devient la récompense que de ces hommes généreux qui quittent tout pour elle. De tout ceci, notre ami concluait qu'il serait également avantageux à la ville de Paris, qui a le privilège de l'Opéra, aux amateurs de la bonne musique & aux compofiteurs, que la direction de ce fpectacle ne fut donnée qu'à une ou plufieurs perfonnes inftruites, qui fans être poëtes ou muficiens, fe connaîtraient en poéfie & en mufique, & qui n'étant pas fufceptibles de ce qu'on appelle jaloufie de métier, n'auraient à confulter que le goût du public auquel le fuccès du fpectacle eft néceffairement lié.

Ce n'eft pas à nous à juger de la validité de ces obfervations. Nous nous bornons à faire des vœux pour que l'Opéra forte de l'état de dépériffement où il eft aujourd'hui & pour que nos meilleurs muficiens travaillent à l'envi à lui rendre fon ancienne fplendeur ; puiffent-ils faire encore de ce fpectacle le point de réunion des gens à talens & des protecteurs des beaux arts, comme il l'était au tems des Lulli, des Rameau, des Mondonville !

N'empruntons pas des haillons chez nos voisins, lorsque nous avons de riches étoffes chez nous, a dit avec raison un auteur illustre. Voulons-nous faire éclore de grands talens en France ? Ne les décourageons pas lorsqu'ils naissent. Tendons une main secourable aux jeunes gens qui montrent des dispositions ; s'ils ont des défauts, on peut les exciter à faire mieux par une critique juste & modérée ; on les rebute par des satyres odieuses. Gardons-nous sur-tout, lorsque nous possédons des grands hommes, de les insulter de leur vivant & les outrager encore après leur mort. Ne leur envions point leur gloire, c'est la récompense la plus précieuse de leurs travaux ; augmentons-la encore, s'il se peut, par nos hommages respectueux & par des éloges mérités. C'est là le vrai moyen d'embraser les jeunes artistes du desir de leur reſſembler. L'attente d'un ſort ſi glorieux échauffera leur émulation; les talens ſupérieurs en tout genre naîtront ſous nos yeux & loin d'emprunter alors le ſecours des étrangers, ils accoureront chez nous comme à la ſource du grand & du beau.

Nous croyons qu'il eſt de notre devoir de repouſſer ici un trait injurieux à la mémoire de Rameau, recueilli trop légérement par l'auteur du nouveau journal anglais. (73) Il y eſt dit qu'à l'une des répétitions du ballet bouffon des *Paladins*. (74)

---

(73) N°. 1er. année 1775.
(74) Il fut repréſenté en 1760. C'eſt le dernier des ouvrages de Rameau donnés au Théatre. Le ſujet eſt tiré du Conte de la Fontaine intitulé: *Le petit chien qui ſecoue des pierreries*. On eſt convenu que la muſique était ſi pleine de feu & d'imagination, qu'elle parut compoſée par artiſte dans la force de l'âge, plutôt que par un vieillard de 80 ans. On y a peint d'une manière originale la gaieté des Troubadours & des Méneſtrels, les fureurs de la jalouſie & les terreurs de la poltronnerie. Cependant cet opéra n'eût qu'un faible ſuccès,

Une Actrice trouvant le mouvement d'un air qu'elle devait chanter beaucoup trop vif, voulut contraindre

ce qu'on attribua uniquement aux paroles. Mais ce poëme qui n'est qu'une plaisanterie, vaut bien tous ceux du même genre donnés à l'Opéra, & particuliérement celui de *Platée* qui avait réussi. Il vaut mieux en chercher la raison dans l'inconstance ordinaire des hommes qui se lassent à la fin d'admirer, comme de toute autre chose. C'était bien encore la musique de Rameau, mais on était fatigué d'encenser toujours la même Idole, & on se laissait persuader d'avance qu'un homme d'un âge si avancé n'était plus capable de produire rien qui vaille, quoiqu'il y eût des exemples du contraire. Au reste, les bons Ouvrages gagnent toujours à être revus. Tous les Opéras de Rameau en sont la preuve. On a remarqué qu'ils ont eu beaucoup plus de succès, & que le mérite en a été mieux senti aux reprises qu'aux premières représentations. Nous pensons qu'il en serait ainsi des *Paladins*. Ce ballet n'est point gravé non plus que *Naïs*, & un grand nombre d'autres Ouvrages de l'Auteur. Ils peuvent se perdre d'un moment à l'autre & nous gémissons de les voir exposés à ce malheur. Il serait digne d'un souverain qui protège les Arts de faire exécuter une édition générale des Œuvres d'un homme qui a fait tant d'honneur à la France. L'Europe entière souscrirait à ce beau projet. On pourrait le réaliser à beaucoup moins de frais que n'en a exigé la magnifique collection des Operas de Lulli, entreprise & exécutée par les ordres de Louis XIV.

ce musicien de le rallentir, prétendant que sans cela elle ne pourrait être entendue des spectateurs; & que Rameau lui répondit : *Mademoiselle, il importe peu qu'on entende vos paroles pourvu qu'on entende ma musique.* Ce propos est trop absurde pour que Rameau l'ait tenu sérieusement. On sait qu'aux représentations de ses opéras, il se tenait presque toujours au milieu du parterre, parce qu'il savait par expérience que c'est la place la plus avantageuse pour bien juger de l'effet général. Il connaissait de cet endroit, mieux que les acteurs eux-mêmes, ce qu'il convenait de forcer ou d'adoucir, de rallentir ou d'accélérer. Il est clair que s'il a effectivement tenu à cette répétition le propos qu'on lui attribue, ce ne pût être qu'en plaisantant, & pour faire sentir à cette actrice, d'une manière indirecte, mais palpable, qu'il savait mieux qu'elle si le Public l'entendrait ou non, & que personne ne devait lui apprendre le mouvement qu'il fallait donner à son air : ou bien fatigué des criailleries de la chanteuse, il aura cru ne pouvoir y mettre fin que par cette réponse, prononcée avec sa vivacité ordinaire, & d'un ton naturellement un peu brusque. Quoiqu'il en soit, on ne peut, sans une injustice extrême, se prévaloir d'une pareille anecdote pour attaquer le jugement & les lumières d'un homme tel que Rameau.

C'est ainsi que d'autres Ecrivains ont avancé que ce grand musicien leur avait assuré en confidence qu'*il n'avait point du tout de génie*. L'Auteur du critique de *Castor & Pollux*, lui fait dire positivement *qu'il n'avait jamais su faire de bonnes ariettes & de bons duo*; tandis qu'on connaît dans ses Opéras plus de cinquante morceaux de ces genres qui ont réuni tous les suffrages, & que nous ne craindrions pas de proposer pour modèles à tous nos compositeurs. (75)

Doit-on ainsi se servir de la modestie même des grands hommes pour les dénigrer ? Quoi ! parce qu'un Ecrivain illustre ne parlera que de *ses faibles talens*, de son *peu de lumières*, parce qu'il imprimera qu'il n'a *écrit que des sottises*, parce qu'il encouragera par des éloges flatteurs, les

―――――――――――――――

(75) Il n'est point de musicien qui ne se glorifiât d'avoir fait la belle ariette de *Pigmalion* : *règne Amour*, &c. ou le duo de *Zoroastre* : *Que ces nœuds sont charmans*, &c. ou celui de *Dardanus* : *Mânes plaintifs*, &c. &c. Ces morceaux goûtés à Paris, ne le seraient pas moins dans tous les pays de l'Europe. On en trouve dans presque tous les Opéras de Rameau, qui ne sont guères inférieurs à ceux-là. Toutes les objections proposées dans cette critique de *Castor & Pollux*, ont été réfutées dans une *réponse* qui parut en 1773.

jeunes gens qui entrent dans la carrière littéraire , & qu'il se mettra poliment au-dessous d'eux , &c. il faudra prendre ses expressions à la lettre ! Disons-le hardiment ; il y aurait de la bêtise à le faire , & il y a une méchanceté très-condamnable à vouloir persuader les gens faciles de la sincérité de pareils discours. Mais l'envie fait arme de tout ; pourvu qu'elle nuise, n'importe par quel moyen. N'a-t'on pas vu autrefois un Journaliste très-partial, pousser l'impudence jusqu'à soutenir qu'il ne pouvait résulter qu'une musique *bizarre, sans expression & sans goût*, des recherches & des connaissances profondes de Rameau dans la théorie de son Art & de ses différens écrits, que ce Journaliste appellait par dérision, des *spéculations-physico-mathématiques ? Ils sont aussi propres, disait-il, à produire de bonne musi-*

L'Ami des Arts.

que, qu'un traité d'anatomie le ferait pour apprendre à bien danser. De sorte qu'en raisonnant conséquemment, ce Journaliste pouvait prétendre que le musicien le plus ignorant dans la théorie de son art, devait composer la meilleure musique.

On a vu aussi un méchant Poëte oser comparer Rameau à Marsyas, tandis qu'il se comparait à Apollon. Il voulut dans une platte allégorie faire subir au musicien Français, le sort du Phrigien, mais il n'écorcha que les oreilles des lecteurs. (76)

────────────

(76) Le nom de ce versificateur, de l'Ordre de St. Michel, ne parviendra peut-être à la postérité, qu'à la faveur de ces deux Epigrammes :

Notre Monarque après sa maladie
Etait à Metz attaqué d'insomnie ;
Ah ! que de gens l'auraient guéri d'abord !
Le Poëte R... dans Paris versifie,
La pièce arrive, on la lit, le Roi dort ;
De St. Michel, la muse soit benie !

Il est plus maltraité dans la suivante :

Connaissez-vous certain rimeur obscur
Sec & guindé, toujours froid, toujours dur ;

Un autre écrivain a dit d'une manière ingénieuse & délicate, que la musique de Rameau ressemble à la marche d'une oye grasse ou d'une vache qui galope. Un autre dans le prospectus d'un opéra qu'il annonçait comme le premier qui dût mériter l'attention des connaisseurs, assure que le génie de la musique en France est resté dans ses entraves jusqu'à la naissance de l'Opéra-Comique, qui seul nous a élevé, dit-il, au niveau des Italiens. Par une contradiction remarquable, il avoue que Rameau fit faire à la musique un grand pas vers la perfection, & il ajoute que ses imitateurs en suivant ses traces

---

Ayant la rage & non l'art de médire,
Qui ne peut plaire, & peut encor moins nuire;
Pour ses méfaits, dans la géole encagé,
A Saint Lazarre, après ce fustigé,
Chassé, battu, détesté pour ses crimes;
Honni, berné, conspué pour ses rimes;
Cocu, content, parlant toujours de soi...?
Chacun s'écrie, eh! c'est le Poëte R...

l'en ont reculé. Il donne enfuite à entendre que c'était à l'auteur feul du nouvel opéra qu'il était réfervé de porter la mufique à ce point defiré; & pour prouver que nous pouvions exceller dans le férieux comme dans le bouffon, il propofe fa tragédie lyrique comme le modèle d'un genre tout-à-fait neuf. Après cette annonce emphâtique, on ne fut pas médiocrement furpris de trouver fa piéce remplie d'une mufique qui n'était rien moins que neuve, puifqu'on l'avait entendue long-tems auparavant dans différentes Cours étrangères. (77)

---

(77) Cet Opéra fut joué fans fuccès à Paris. Il eft vrai que le muficien avait été auffi mal fervi qu'on pouvait l'être par le Poëte. Il a depuis fait de grands changements à fa mufique, mais elle ne rendra jamais le Poëme meilleur. Ce Compofiteur a mieux réuffi à l'Opéra comique. On ne peut lui refufer beaucoup de talens; il connait parfaitement la méchanique de l'art, mais il le fait trop appercevoir, & fouvent aux dépens du goût, qui veut que l'art foit caché

Un autre ne pouvant démentir à Paris le succès des opéras de Rameau & voulant nuire sourdement à sa réputation, au moins dans les Provinces, faisait annoncer pour de l'argent, dans quelques papiers publics, que ces opéras étaient tombés, & mettait ce musicien dans le cas de justifier du contraire par les bordereaux de recette. (78).

Quelques-uns criaient par-tout qu'il n'était pas le musicien de la nature & qu'il n'avait jamais chanté. Ils oubliaient ou feignaient d'ignorer que nos anciens recueils sont pleins de chansons parodiées sur les airs de Rameau, qu'elles inspiraient la gaieté & faisaient les plaisirs de nos repas,

---

par l'art même. On lui reproche en général d'avoir peu d'invention, & de ne se faire aucun scrupule de prendre à droite & à gauche des morceaux entiers qu'il enchasse dans ses compositions.

(78) Nous avons trouvé dans les anciens journaux des lettres où Rameau détruisait ainsi les fausses nouvelles semées par ses ennemis.

avant que la joie naïve & franche n'y eut fait place à la froide étiquette. Les chants de ce musicien sont en effet si gais, si naturels qu'on les répétait facilement au sortir de ses opéras & qu'ils passaient pour ainsi dire en proverbes. Jamais on ne s'avisera, je crois, de parodier les airs de nos opéras nouveaux, & bienheureuse la mémoire qui pourrait aisément se les approprier. Il est vrai que Rameau ne chantait que quand il fallait, parce qu'il était persuadé que c'eut été un grand défaut de le faire toujours. Il aurait pû, comme d'autres, joindre ensemble vingt ou trente morceaux mesurés ou ariettes, & appeller cela une tragédie ou un ballet, mais il avait une plus haute idée d'un bon opéra. (79) Il le considérait

---

(79) On en peut juger par sa réponse à un jeune homme qui lui communiquait le désir qu'il avait de faire une tragédie lyrique, &

comme un vaste tableau qui doit plaire d'abord par un sujet intéres-

---

lui demandait des conseils. ,, Je suis très-sen-
,, sible, lui dit-il, à l'honneur que vous me
,, faites, & en même-tems très-mortifié de ne
,, pouvoir vous être que d'un faible secours,
,, tant parce que mes affaires ne me permettent
,, pas de m'en détourner, que parce que la
,, chose que vous demandez, exige un plus
,, long détail que vous ne vous l'imaginez. Il
,, faut-être au fait du spectacle, avoir long-
,, tems étudié la Nature pour la peindre le
" plus au vrai qu'il est possible, avoir tous les
,, caractères présens, être sensible à la danse
,, & à ses mouvemens ; sans parler de tous les
,, accessoires, connaître les Auteurs, les
,, voix, &c. Le ballet vous conviendrait
,, mieux que la tragédie pour le début. Je
,, crois d'ailleurs M.ʳ Panard plus capable de
,, l'un que de l'autre. Il a du mérite ; mais il
,, ne nous a point encore donné de lyrique. Il
,, faudrait avant que d'entreprendre un si grand
,, Ouvrage, en avoir fait de petits ; des can-
,, tates, des divertissemens & mille autres
,, bagatelles de cette sorte, qui nourrissent
,, l'esprit, échauffent la verve, & rendent in-
,, sensiblement capable de plus grandes choses.
,, J'ai suivi le spectacle depuis l'âge de douze
,, ans, je n'ai travaillé pour l'Opéra qu'à l'â-
,, ge de cinquante, encore ne m'en crois-je pas
,, capable. J'ai hazardé, j'ai eu du bonheur,
,, j'ai continué.

Rameau avant de donner son prémier Opéra, (*Hyppolite & Aricie*, représenté en 1733)
était déja connu par son *Traité de l'harmonie*,
& par différens morceaux de musique qui por-
tent l'empreinte de son génie, savoir : 1°. par

L'Ami des Arts. 179

sant, ensuite par des oppositions, des contrastes, par la variété & l'élégance dans les formes & mille nuances dans les couleurs. Il pensait avec Lulli que le Récitatif doit en être considéré comme la partie principale & fondamentale, & tout le reste comme les ornemens. C'est en effet dans le récitatif que doit exister presque tout l'intérêt de la piéce. C'est

---

des piéces de Clavecin, gravées en trois livres. 2°. Des Motets à grands chœurs, dont trois nous sont connus : *quam dilecta* &c. *in convertendo*, &c. *Deus noster refugium*, &c. 3°. Des Cantates Françaises, dont deux seulement ont été gravées, le *Berger fidèle*, & l'*enlèvement d'Orithie*. Nous en connaissons quatre autres manuscrites : l'*Impatience*, *Orphée*, *Thétis*, & les *Amans trahis*; les deux dernieres à deux voix. Si parmi les musiciens ou amateurs de musique qui liront cet écrit, il s'en trouvait qui eussent connaissance de quelques autres morceaux de musique de Rameau, latins ou français, & nommément des Cantates de *Médée* & de l'*Absence*, & qu'ils voulussent nous indiquer par la voie d'un Journal, comme le Mercure de France,* où nous pourrions nous les procurer, ou leur en aurait une vraie obligation. Ces deux dernieres Cantates ont été composées à Clermont en Auvergne.

* L'Auteur est M. la Combe, rue Christine.

là que la poësie doit déployer toute sa pompe & qu'elle doit nous charmer au point de faire oublier le musicien, ce qui arrive toutes les fois que les fois que le récitatif est bien fait, c'est-à-dire lorsqu'il s'approche autant qu'il est possible de la déclamation convenable au sujet. Je ne sais pourquoi l'on veut aujourd'hui sacrifier totalement la poésie à la musique. C'est dans les parties accessoires, telles que les divertissemens, que celle-ci doit à son tour étaler toutes ses richesses. C'est ici que Rameau plaçait des chants neufs & piquans, qu'il variait à l'infini. Les ariettes ne nuisaient pas à l'action & à l'intérêt du poëme. C'est dans les monologues, les chœurs, les ballets, qu'il employait, suivant les circonstances, tout ce que l'harmonie a de plus sublime & la mélodie de plus séduisant. Personne n'a connu mieux que

que lui l'emploi des couleurs locales. On ne peut disconvenir que dans la plupart de nos opéras à l'italienne, on semble n'en avoir eu presqu'aucune idée. Tout y paraît confondu; les mêmes moyens sont employés dans des situations très-différentes. Une même teinte domine dans tout le tableau. Les ballets n'offrent plus d'airs caractérisés; on les remplace par de grandes symphonies dans le goût des chaconnes. On veut par-tout des cors, des timbales & des trompettes, comme si la musique la plus bruyante était celle qui produit le plus d'effet.

Il s'est trouvé aussi des personnes qui ont voulu prouver la fausseté des principes lumineux de Rameau sur la théorie de la musique, quoiqu'il les ait aussi bien justifiés par la pratique que par le raisonnement. On n'a pas craint de combattre, quoiqu'avec des armes impuissantes, ses découvertes admirables & sur-tout son système de la basse fondamentale. (80) D'autres gens moins prévenus, ne pouvant se refuser à leur évidence, se bornaient à contester au musicien, la gloire de les avoir trouvés, & les attribuaient à d'autres Auteurs qui n'y avaient jamais songé.

Lorsque des savans ont combattu méthodiquement quelques-uns des

---

(80) La théorie de Rameau ne rencontra pas moins d'opposition que sa musique pratique n'en avait trouvé lors de la représentation d'*Hyppolite*, & cela n'est point étonnant. ,, La musique de Rameau, disait l'Abbé Ter- ,, rasson, est un des exemples des beautés neu- ,, ves toujours rejettées par quelques-uns. ,, C'est le Newtonisme de la musique, qui ,, essuie les mêmes contradictions; & qui rem- ,, portera peut-être la même victoire. Quand la ,, difficulté, dit-il ailleurs, est jointe à la ,, nouveauté comme dans la Géométrie de ,, Newton & dans la musique de Rameau; ,, l'opposition des vieux Géomètres & des ,, vieux Musiciens est bien plus grande, & ils ,, se font un bien plus grand nombre de parti- ,, sans. (*La Philosophie appliquable à tous les objets de l'esprit & de la raison*, pag. 194.)

principes de Rameau, on a vu ce muſicien répliquer avec chaleur & ſes réponſes étaient des diſcuſſions profondes qui tournaient toujours au profit de l'Art. Lorſqu'on ne l'a attaqué que par des ſarcaſmes & des injures, ce qui eſt arrivé ſouvent, il a gardé un profond ſilence, & il a ſçu dans ces occaſions réprimer ſa vivacité.

C'eſt ainſi que les grands hommes ſont outragés de leur vivant, & l'on ne craint point de troubler leur cendre quand ils ſont dans le tombeau. Le plus ingénieux des Poëtes de l'antiquité a dit :

Paſcitur in vivis livor, poſt fata quieſcit;
Tunc ſuus ex merito quemque tuetur honos.

Si cela eſt vrai à l'égard du commun des hommes, cela ceſſe de l'être à l'égard de ces génies ſupérieurs qu'une grande diſtance ſemble ſéparer du reſte des humains. Ovide oubliait qu'Homère était mort depuis mille ans, lorsque Zoïle s'avisa de déchirer sa mémoire. Eh ! combien d'autres grands hommes de tout état, n'ont-ils pas été décriés, calomniés, insultés long-tems après leur mort ! ne trouve-t'on pas encore à la honte des lettres, des Ecrivains assez téméraires pour oser porter une main impure sur tout ce que l'antiquité eût de plus vénérable ? Des ames assez lâches pour s'efforcer d'éteindre dans nos cœurs l'amour & le respect que nous portons à la mémoire des Socrate & des Cicéron, des Trajan, des Marc-Aurèle & des Julien ; & l'horreur que nous devons à celle des Anitus, des Mœvius & des Néron ? Pourquoi élever des doutes sur ce que les Auteurs les plus véridiques nous disent de ces hommes si différens ? Si l'histoire n'établissait pas leur existence d'une manière incontestable, il faudrait en supposer de tels, & en mettre sans cesse les portraits sous les yeux des Rois, pour leur inspirer l'amour de la vertu & la haine du vice & pour leur persuader que la postérité équitable ne les jugera que sur le bien ou le mal qu'ils auront fait aux hommes, & non sur le témoignage intéressé de leurs flatteurs.

Si nous avons saisi l'occasion de défendre ici la mémoire du premier de nos musiciens, & si nous nous sommes un peu étendus sur cet article, le lecteur voudra bien excuser notre zèle, & cet amour du vrai qui ne nous permet pas de voir d'un œil indifférent le génie calomnié. Peut-être le goût décidé que nous conservons pour la musique, était-il un motif suffisant pour nous exciter à venger Rameau autant qu'il était en nous. Du moins nous nous flattons qu'il trouvera grace auprès de tous ceux qui partagent ce goût avec nous. On parle volontiers de ce qu'on aime. Nous ne diſſimulons pas combien nous nous intéreſſons aux progrès de cet Art enchanteur, auquel les anciens attachaient tant d'importance, attribuaient tant de merveilles, & ſur lequel ils ne nous ont laiſſé malheureuſement que des notions fort incomplettes & remplies d'obſcurités. (81) Au reſte, les ſentimens que cet Art nous

---

(81) Le Traité de Plutarque eſt ce que nous avons de plus étendu ſur la muſique des anciens; mais il eſt preſque entièrement hiſtorique. Les détails ſur les ſyſtêmes des muſiciens Grecs, eſt preſqu'inintelligible. Il avoue au ſurplus, que cet Art était tellement négligé de ſon tems, qu'il ne ſe trouvait pas une ſeule perſonne qui le connût par principes & par théorie. On pourrait tirer peut-être plus de lumières d'un traité ſur la muſique trouvé dans les ruines d'Herculanum, & l'un des cinq ou ſix manuſcrits qui ont été déroulés & tranſcrits par ordre du Roi de Naples. Les Fables allégoriques ou hiſtoriques d'Orphée, d'Amphion, d'Arion, de Linus, de Therpandre, &c. nous font aſſez connaître la haute idée qu'avaient les Grecs du pouvoir de la muſique.

inspire, ne sont point exclusifs. Les Muses sont sœurs & se donnent la main ; il est presque impossible d'en aimer une passionnément sans être plus ou moins sensible aux attraits des autres.

Vers enchanteurs, exacte prose,
Je ne me borne point à vous ;
N'avoir qu'un goût, c'est peu de chose:
Beaux Arts, je vous invoque tous !
Musique, Danse, Architecture,
Art de graver, docte Peinture,
Que vous m'inspirez de desirs !
Beaux Arts, vous êtes des plaisirs,
Il n'en est point qu'on doive exclure. (82)

L'admiration que nous ont inspirée les Ouvrages du grand Rameau, nous portaient aussi à lui rendre particulièrement cette justice. Nous l'avons fait d'autant plus volontiers, que nous étions convaincus que la passion

---

(82) M. de Volt. Temple du Goût.

animait seule ses ennemis lorsqu'ils l'ont si maltraité. On sait que plusieurs d'entr'eux avaient été ses plus zèlés admirateurs, & c'est une circonstance qui rapproche encore ce fameux musicien de l'autre homme célèbre auquel nous l'avons comparé.

En effet, la conduite de Rousseau & de l'Abbé Desfontaines, fut la même à l'égard de M. de Voltaire, & à l'égard de Rameau. Ils commencèrent tous deux par rendre justice à ces grands hommes, & ils finirent par être leurs plus cruels ennemis. On ne change point ainsi d'opinion subitement; cela n'est pas dans la nature. Il n'y a que l'envie & la haine, mère de l'injustice, qui puissent ainsi pousser des gens d'une extrémité à l'autre & leur faire tenir les discours les plus contradictoires. Peut-être devrait-on douter de la sincérité de ces discours; mais quand ils auraient vraiment changé d'opinion comme de langage, quelle idée aurons-nous de ces écrivains qui soufflent le froid & le chaud presque dans le même instant?

L'Abbé Desfontaines si connu par son esprit, par ses méchancetés & par ses avantures, ne trahissait la vérité que lorsqu'il était intéressé à le faire. Il a été long-tems le panégiriste zélé de l'auteur de la Henriade. Il voulut même être son traducteur en mettant en français l'Essai sur la Poésie Epique & celui sur les Guerres civiles de France, que M. de Voltaire avait d'abord composés en anglais. Les éloges qu'il donne à ce Poëte dans le *Nouvelliste du Parnasse* & dans les premiers volumes de *l'Observateur littéraire*, (83)

___

(83) Voyez les Lettres où il est question de la *Henriade*, de *Marianne*, de *Brutus*, de *l'Histoire de Charles XII*. &c. ,, Cette histoire, dit-

ne peuvent être détruits par les satyres qui deshonorent les derniers écrits de ce Journaliste. Il n'avait nul intérêt de trahir sa façon de penser lorsqu'il parlait ainsi de la Henriade. » Quelque chose qu'on di-
» se, on lit ce poëme avec plaisir
» & presque toujours avec admira-
» tion; on le relit, on en retient
» les vers & on les cite; aussi il y
» en a déja de ma connaissance dix
» éditions depuis 1724, &c. (84). «

Il employe une lettre entière à l'apologie de la tragédie de *Brutus*. Il prouve la faiblesse des critiques qu'on avait faites, & combien il était

---

» il, qui paraît depuis un mois est lue & goû-
» tée de tout le monde, soit pour les faits qu'elle
» contient, soit par la manière agréable dont
» ils sont contés.... Ce célèbre auteur (M. de
» Voltaire) soit en vers soit en prose, semble
» né pour peindre les héros. " (1731 lettre 17)

(84) 1731 Lettre 13.

ridicule de la comparer avec un autre *Brutus* d'un D^{elle} *Bernard*. » Presque tous les vers, dit-il, de la
» tragédie de M. de Voltaire sont
» des vers de génie, & à l'exception
» d'un petit nombre qui semblent
» négligés, plus on les lit, plus ils
» plaisent. On a beau dire que la
» versification est la moindre partie
» du poëme dramatique ; qu'est-ce
» en général qu'un ouvrage peu
» travaillé & dont le style est mau-
» vais? En prose comme en vers le
» style fait la grande différence de
» tous les ouvrages d'esprit. C'est par-
» là principalement qu'une histoire,
» qu'un discours est au-dessus d'un
» autre écrit du même genre. A l'é-
» gard des beaux vers, les ignorans
» même les sentent & les aiment;
» & ils s'ennuyent à la lecture des
» des piéces où il y a d'ailleurs du
» génie, mais où il n'y a ni corre-

» &tion, ni force ni élégance. (85) «

L'Abbé Desfontaines dans toute fa vie n'a rien dit de plus raifonnable & de plus vrai. Il eft trifte que la haine & l'ingratitude lui ayent fait tenir dans la fuite un langage fi différent & préconifer la médiocreté en décriant le génie. Ce qu'il difait en 1732 d'une autre piéce de M. de Voltaire, eft propre à la faire defirer du public: » je viens
» de voir la première repréfentation
» de la tragédie d'*Eriphile* par M.
» de Voltaire ; j'ai entendu des vers
» magnifiques & pompeux, bien
» déclamés; des fentences admira-
» bles, des traits brillans d'imagi-
» nation ; enfin des beautés de dé-
» tail à l'infini ; difpenfez-moi de
» précipiter mon jugement fur le

---

(85) 1731 Lettre IV.

» fond

» fond & la conduite de la piéce. (86)

Ce n'était pas seulement à l'égard de M. de Voltaire que l'Abbé Desfontaines se contredisait si formellement. On lui avait déja reproché d'avoir dit beaucoup de bien, & ensuite du mal de MM. Rollin & Gibert, & il cherchait à se disculper ainsi :
» aucun Journaliste n'a donné plus
» d'éloges que nous à ces Auteurs ;
» est-ce blesser l'équité que de re-
» marquer de légères taches dans
» leurs Ouvrages ? à l'égard de M.
» de Voltaire, ceux qui veulent se
» dissimuler ses talens, nous accusent
» d'être ses aveugles admirateurs. »
(87) Il aurait pu dire quelques an-

_____

(86) 1732 lettre du 8 Mars. L'Abbé Desfontaines se proposait d'en donner un extrait plus détaillé, mais M. de Voltaire ayant retiré sa tragédie & n'ayant point voulu la livrer à l'impression, le Journaliste n'en put rendre compte. Ce qu'il dit ici de la versification de cette piéce, est confirmé dans un Dictionnaire des théatres par M. de Léris.
(87) Nouvelliste du Parnasse 1732.

R

nés après, & avec la même vérité: » à l'égard de M. de Voltaire, tout » le monde conviendra que personne » ne l'a plus complettement déchiré » que nous. » Si ce Journaliste a chanté la palinodie comme Rousseau, les raisons en sont assez connues, & il est inutile de rappeller ici l'origine honteuse de ses querelles avec M. de Voltaire, son bienfaiteur. Remarquons seulement que c'est ce même Abbé si honnête, si équitable, qui traitait Rameau de spéculateur-Phisico-Mathématique, & de musicien détestable.

Le successeur de Desfontaines, comme lui ex-Jésuite, comme lui partial, comme lui ennemi déclaré des grands hommes; ce Journaliste, enfin, qui se bat les flancs trois fois par mois pour dire de M. de Voltaire tout le mal qu'il n'en pense pas, n'a-t'il point avoué ses véritables sentimens sur ce grand Poëte à un galant homme qui n'a pas cru devoir nous les cacher ? Ne l'a-t-il pas assuré de la meilleure foi du monde que personne n'avait de M. de Voltaire une plus haute idée que lui, que nul ne faisait plus de cas de ses Ouvrages, & n'en avait plus retenus, & qu'enfin il en pensait au fond du cœur autant de bien qu'il en avait dit de mal publiquement ? Ne sait-on pas que son confident, touché du repentir qu'il faisait paraître, & par amour de la paix, se chargea de solliciter sa grace auprès de M. de Voltaire, & consentit de se rendre le médiateur dans cette affaire épineuse ? Ne sait-on pas aussi que M. de Voltaire, plus conséquent dans sa conduite & dans ses écrits, que son rédoutable adversaire, rejetta hautement les propositions qu'on lui faisait de la part d'un homme dont l'estime

le touchait aussi peu que la haine; de sorte que les bons offices du négociateur ne servirent, malgré la pureté de ses intentions, qu'à mettre dans tout son jour, la duplicité d'ame du Journaliste ? » Vraiment disait à
» cette occasion, M. de Voltaire,
» voila un bon petit caractère ! c'est-
» à-dire que quand il dira du bien
» de quelqu'un, on peut compter
» qu'il le méprise. Vous voyez bien
» qu'il n'a pu faire de moi qu'un
» ingrat, & qu'il n'est guères possible
» que j'aie pour lui les sentimens dont
» vous dites qu'il m'honore. (88)

Que dirait enfin le détracteur de

_____

(88) L'Auteur d'une tragédie & de plusieurs héroïdes, vivement choqué des jugemens de ce Journaliste, nous récitait un jour ces vers, que nous avons retenus :

La Nature voulant favoriser V.
Pour créer son génie, épuisa la matière,
Et mettant à profit le reste du limon,
Elle en forma l'esprit du stupide Alciphron.

Meſſieurs de St. Lambert, de Lille, de la Harpe & de nos Auteurs les plus eſtimables, lui qui oſe leur faire un crime d'admirer M. de Voltaire, ſi nous l'oppoſions à lui-même? ſi nous prouvions qu'il était comme eux, il y a quelques années, un des plus grands admirateurs de ce Poëte illuſtre, qu'il s'efforce de rabaiſſer aujourd'hui : qu'il a recherché ſa protection & ſon amitié, qu'il lui a adreſſés les hommages les plus flatteurs, dont malheureuſement quelques échantillons ſont devenus publics? Il croit ſauver tant de contradictions, en diſant qu'à la vérité, M. de Voltaire lui paraiſſait autrefois un grand homme, & qu'il le regardait, ſans difficulté, comme le premier de nos Poëtes, mais qu'il était alors trompé par ſon inſtinct, que ſon eſprit, dépourvu de culture & d'expérience, & ſon jugement étaient loin d'avoir pris toute leur confiftance, en un mot, que les fenfations qu'il éprouvait, n'étaient que des preftiges que l'âge a depuis diffipés. En vérité, voila de bonnes excufes, & le Public ferait bien difficile, s'il ne s'en accommodait pas. Par ce moyen, la conduite du Détracteur de nos meilleurs Poëtes, lui paraîtra toute naturelle, & il ne s'étonnera plus en voyant le panégirifte fubitement changé en critique outré & plein de fiel. Pour nous, avouons-le franchement, nous ignorons qu'elles furent précifément les caufes d'un changement fi prompt. Nous ne favons pas fi l'encens de ce jeune homme parut trop fade à M. de Voltaire, où fi ce grand Poëte ne lui reconnut pas de difpofition, ou s'il craignit de faire un nouvel ingrat en lui donnant les mêmes encouragemens qu'il avait prodigués à tant d'autres; quoiqu'il en soit, les sentimens équitables du jeune homme à l'égard de M. de Voltaire, se changèrent en une telle haine, que, non-seulement il outrage aujourd'hui de la manière la plus indigne, ce qui était naguères l'objet de sa vénération, mais aussi tous les gens de lettres qui font gloire de penser encore à cet égard, comme il a pensé lui-même. Il mesure le bien ou le mal qu'il dit des Auteurs sur le dégré d'admiration ou de mépris qu'ils font paraître pour les Ouvrages de M. de Voltaire. Les louer est un titre certain pour être en but à ses traits. Nous deviendrions nous mêmes ses victimes, si nous en valions tant soit peu la peine ; mais cet inconvénient ne nous arrête pas, lorsqu'il s'agit de venger le mérite insulté, & la vérité trahie.

Est-il étonnant après cela que M. de St. Lambert soit coupable aux yeux du Critique, lui qui n'a pas craint d'établir dans les beaux vers que nous avons cités, la supériorité de M. de Voltaire sur tous les tragiques modernes, & à plus forte raison, sur les anciens ? Aussi a-t'il été moins ménagé qu'aucun autre. Nous croyons avoir suffisamment justifié ce militaire respectable du crime d'hérésie littéraire, dont on le charge si gratuitement. Nous avons prouvé que son sentiment n'est rien moins que nouveau, & qu'on avait pensé comme lui, avant que M. de Voltaire n'eût atteint le plus haut point de sa carrière dramatique. Mais quand bien même cette opinion de M. de St. Lambert serait nouvelle & unique comme on a voulu nous le faire croire, nous soutenons qu'elle ne devrait & ne pourrait servir de prétexte à qui que ce soit pour trouver le poëme des *Saisons* mauvais.

Il nous eût été facile de multiplier les preuves de ce que nous avons avancé à ce sujet, en accumulant ici un grand nombre de passages d'Auteurs estimés, qui depuis la Motte Houdart (89) jusqu'à jours, ont assigné à M. de Voltaire une place entre Corneille & Racine. Mais les témoignages de l'amitié auraient été sans doute récusés par les ennemis de M. de Voltaire, & auraient pu d'ailleurs paraître suspects à quelques-uns de nos lecteurs. Nous aurions rapportés en exemples plusieurs livres assez anciens, où M. de Voltaire est loué beaucoup plus encore qu'il ne l'a été par

---

(89) La Motte dans son approbation de la Tragédie d'Œdipe en 1719, reconnut dans M. de Voltaire le successeur du grand Corneille & de Racine. Cette prédiction si bien justifiée dans la suite, fait d'autant plus d'honneur à la Motte, qu'il s'était distingué lui-même dans la carrière dramatique, & qu'il fallait taire l'amour propre en rendant justice à un rival dont il pressentait la fortune.

M. St. Lambert, entr'autres un *Traité de la connaissance des beautés & des défauts de la Poésie & de l'éloquence dans la langue française*, où l'on s'efforce d'établir méthodiquement la supériorité de M. de Voltaire sur nos meilleurs Poëtes, en mettant sous les yeux du lecteur des piéces de comparaison où ils ont traité les mêmes sujets ; nous nous serions également prévalus de différens articles du Dictionnaire Encyclopédique, faits par les plus habiles littérateurs, de plusieurs Ouvrages de M. de la Harpe, où le bon goût respire, de ceux du Roi de Prusse, de quelques Poëmes expressément composés à la gloire de M. de Volaire, tels que ceux de M. de Montmerci, (90) &c. Nous au-

---

(90) Avocat au Parlement; il a donné en 1764 un Poëme intitulé *Voltaire*, où il fait sentir le mérite de chacun des Ouvrages de M. de Voltaire en particulier, & lui donne de justes éloges.

rions copié en entier des *réflexions* sur Rousseau le Poëte & sur M. de Voltaire, par le Marquis de Vauvenargues, (91) imprimées en 1747 ou 1748, & qui ne sont pas susceptibles d'extrait. Le même Auteur avoit deja manifesté l'opinion qu'il avait du génie & des connaissances de M. de Voltaire dans un Ouvrage plus ancien où il s'exprimait ainsi : » Je n'ôte
» rien à l'illustre Racine, le plus sage
» & le plus éloquent des Poëtes,
» pour n'avoir pas traité beaucoup
» de choses qu'il eût embellies, con-
» tent d'avoir montré dans un seul
» genre, la richesse & la sublimité
» de son esprit. Mais je me sens forcé
» de respecter un génie hardi & fé-

___

(91) Capitaine au Régiment du Roi, jeune homme très-instruit & de la plus grande espérance. Les fatigues excessives qu'il essuya à la fameuse retraite de Prague, lui occasionnèrent des maladies qui l'enlevèrent à la fleur de son âge. Il mourut regretté de tous les véritables Gens de Lettres.

» cond, élevé, pénétrant, facile;
» plein de force, auſſi vif & ingénieux
» dans les petites choſes, que vrai &
» pathétique dans les grandes; tou-
» jours clair, conçis & brillant; Philo-
» ſophe & Poëte illuſtre au ſortir de
» l'enfance, répandant ſur tous ſes
» écrits, l'éclatante & forte lumière
» de ſon jugement; inſtruit dans la
» fleur de ſon âge de toutes les con-
» naiſſances utiles au genre humain;
» amateur & juge éclairé de tous les
» Arts; ſavant à imiter toutes ſortes
» de beautés par la grande étendue
» de ſon génie, & maître dans les
» genres les plus oppoſés : le ſeul
» peut-être de tous les Poëtes qui
» ait connu la ſimplicité éloquente
» de la proſe, & qui l'ait orné de
» couleurs d'une belle imagination.
» J'admire la vivacité de ſon eſprit,
» ſa délicateſſe, ſon érudition, &
» cette vaſte intelligence qui com-
» prend

» prend si distinctement tant de faits
» & d'objets divers. Bien loin de
» critiquer ses endroits faibles ou
» ses fautes, je m'étonne qu'ayant
» osé se montrer sous tant de faces,
» on ait si peu de choses à lui re-
» procher. » (Introduction à la
connaissance de l'esprit humain,
Paris 1746.)

Mais en appuyant la cause que nous défendons de ces témoignages clairs & précis, qui sait si l'on n'eût point poussé l'absurdité jusqu'à prétendre que ces Ecrits si favorables à M. de Voltaire, ont été composés par lui-même, sous des noms supposés, afin de pouvoir s'y encenser en toute liberté ? (92) La haine & l'envie ne sont-elles pas capables de tout ?

---

(92) Cette sottise a été dite en effet au sujet du livre intitulé : de *la Connaissance des beautés & des défauts de la Poésie, & de l'éloquence dans la Langue Française*.

Après avoir juſtifié le ſentiment de M. de St. Lambert par des autorités & des exemples, il n'eût pas été plus difficile de le juſtifier par le raiſonnement, mais le développement de nos idées ſur la poéſie dramatique, nous eût demandé beaucoup plus de tems que nous n'en voulions mettre, & que nous n'en avons mis en effet à écrire ces réflexions. Nous en avons dit aſſez pour ceux de nos lecteurs, dont nous ambitionnons principalement le ſuffrage, ceux qui ont une connaiſſance approfondie de l'art du théatre, & de la poéſie dramatique, qui ont médité long-tems ſur les chefs-d'œuvres des grands-maîtres, & qui ſavent apprécier avec une égale juſteſſe, leurs beautés & leurs défauts. Si d'ailleurs nous avons pu faire voir que parmi les cauſes de la décadence des Arts, l'on doit compter l'injuſtice que l'on affecte de marquer à l'égard des grands hommes & le découragement que l'on donne à ceux qui pourraient le devenir, & d'un autre côté, l'accueil que l'on fait à des choses méprisables ou ridicules, notre dessein sera rempli. Tant de jugemens erronés sont en effet la source de l'aigreur, des haines, des querelles qui divisent les Auteurs, & qui ne peuvent tourner qu'au désavantage & à l'avilissement de la Littérature & des beaux Arts parmi nous. Les hommes vraiment grands, dira-t'on, ne se déchirent pas l'un l'autre, & lors même qu'ils sont d'opinion différente sur quelques points, ils ne manquent pas, pour cette raison, aux égards qu'ils se doivent mutuellement:

Les Muses, filles du Ciel,
Sont des sœurs sans jalousie;
Elles vivent d'ambroisie
Et non d'absinthe & de fiel;

Et quand Jupiter appelle
Leur assemblée immortelle
Aux fêtes qu'il donne aux Dieux,
Il défend que la satyre
Trouble les sons de leur lyre
Par ses sons audacieux.

Il est vrai que les Ecrivains & les Artistes supérieurs s'estiment & se respectent, mais leur nombre est si petit, qu'il fait à peine une exception à la règle ; celui de leurs adversaires grossit tout les jours. Le chant mélodieux des favoris d'Apollon est presqu'étouffé par les cris de l'envie. Ah ! qu'il serait heureux pour notre République des Lettres, qu'un nouveau Jupiter daignât seconder les efforts du génie expirant, ranimât la voix des grands hommes, & voulut ôter à l'envie le triste plaisir de troubler les Concerts des neuf sœurs !

La littérature Française offre aujourd'hui le spectacle d'un Empire déchiré par des guerres intestines.

Cent petites factions s'attaquent avec fureur, & ne se réunissent que pour combattre l'autorité de leurs légitimes maîtres. Les Etrangers témoins de ces divisions, distinguent chez nous la haute & la basse littérature. On y pourrait aussi compter la classe moyenne ou neutre; & c'est assurément la plus heureuse, ou du moins la plus tranquille; satisfaite de ses modestes succès, elle voit sans envie la supériorité de la première; elle ne cherche point à l'usurper & n'est point elle-même en but aux traits envenimés de la dernière. Il serait à souhaiter que les Journalistes voulussent s'y ranger, & y chercher les principes de modération & d'équité, qui doivent être les premières règles de leur conduite. Mais on les voit s'écarter trop souvent de cette impartialité si nécessaire à leur état;

(93) ils prennent fièrement parti pour ou contre les gens de lettres, & s'imaginent inspirer au Public l'opinion qu'ils feignent d'en avoir eux-mêmes: ils les élèvent ou les rabaissent suivant leurs divers intérêts, de sorte qu'en voyant le nom d'un Auteur au titre d'un livre, on peut assurer que ce livre sera loué dans tel Journal & décrié dans tel autre. Nous voudrions faire cesser un si grand scandale, & ramener tous les esprits vers l'équité & le bon goût ; mais nous sommes malheureusement convaincus que dans

---

(93) Nous croirions manquer nous-mêmes à cette équité que nous demandons dans les autres, si nous faisions ce reproche à tous les Journalistes sans exception. Parmi les quatre cent Journaux qui amusent les oisifs de l'Europe, il s'en trouve quelques-uns qui méritent l'approbation des gens éclairés. Ce nombre prodigieux d'Ouvrages périodiques ne suffit pas encore apparemment ; car il n'est guères de mois où l'on ne débite, dans la seule ville de Paris, le prospectus d'un nouveau Journal ; tant le goût de la littérature & de la politique que fait de progrès chez nous !

l'état actuel des choses, il ne faudrait pas moins que des miracles pour opérer une telle révolution. Trop heureux si nos réflexions prémunissent quelques jeunes gens sans expérience contre les piéges de l'ignorance & de l'orgueil qui marchent si souvent ensemble (94)

Si l'on ne peut se flatter de voir de long-tems une paix durable se rétablir dans l'empire littéraire, & encore moins tous les gens de lettres se réunir sous l'étendart du bon goût, du moins ils pourraient en se combattant avoir plus d'égards les uns pour les autres, & ne point faire paraître tant d'animosité. Qu'ils prennent exemple des Militaires, qui chez toutes les Nations civilisées, ne cessent pas de se respecter en défendant les in-

---

(94) *L'orgueil a du bon*, dit M. de Voltaire, *mais quand il est soutenu par l'ignorance, il est parfait.*

térêts divers de leurs Souverains, & en s'attaquant les armes à la main. On les voit même se saluer poliment avant de se couper la gorge ; les loix de l'honneur ne seraient point inutiles au Parnasse, & Apollon n'est pas moins ami des bienséances que le fier Dieu des Batailles.

Lorsqu'un jeune Auteur marche évidemment dans la route qui conduit à l'immortalité ; lorsqu'on voit les bons principes se manifester dans ses premiers essais, & percer à travers les défauts qui les obscurcissent, gardons nous de le juger à la rigueur ; n'étouffons pas en lui le germe du talent par une critique injuste, ne rendons pas même ses heureuses dispositions inutiles par une sévérité outrée ; il vaudrait peut-être mieux pécher par trop d'indulgence. Ne le rebutons pas sur-tout en nous efforçant d'avilir à ses yeux les grands modéles qu'il s'est proposé d'imiter.

En général sachons plus de gré aux habiles Ecrivains des peines qu'ils se donnent pour nous instruire ou pour nous amuser; ils consument leur vie dans le silence du cabinet ; ils nous cueillent des fleurs, & ne gardent que les épines. Un homme de lettres, nous entendons celui qui mérite vraiment ce titre, est à nos yeux un objet très-respectable. N'eût-il rendu que pendant deux heures notre existence plus supportable, il mériterait de la reconnaissance, & s'il renouvelle souvent ce bonheur, que ne lui doit-on pas ? Quels motifs déterminent donc tant de gens à nous arracher cette félicité pure, à nous envier ces plaisirs sans remords ? Qui les engage à décrier de préférence les Ouvrages qui ont mérité l'estime universelle ? Est-ce ignorance ? il faut les plaindre ; est-ce un vil intérêt &

l'espoir de se faire quelques protecteurs ? plaignons-les plus encore. Est-ce le seul plaisir de nuire ? détestons-les. Un Empereur Romain dont la mémoire est un horreur, donnait des récompenses, décernait des prix à ceux de ses sujets qui inventaient des plaisirs sensuels, & lui procuraient de nouvelles jouissances ; quel prix réservera-t'on à ceux qui mettent leur unique étude à corrompre notre goût, à dégrader notre raison & notre esprit, à nous priver des plaisirs les plus touchans de l'ame ?

Par ce qu'un Auteur a des opinions différentes des nôtres sur quelques objets, faut-il dénigrer ses talens qui n'ont rien de commun avec ces opinions ? C'est pourtant ce qu'on voit arriver tous les jours. L'esprit jaloux & envieux saisit avec avidité de semblables prétextes pour ternir telle réputation dont l'état offusque ses débiles yeux. On en trouve un exemple récent dans une déclamation que nous venons de voir fur une feuille volante comme celles des Sibilles & périssable comme elles. Nous en mettrons fous les yeux du lecteur nu passage qui nous a paru curieux. L'Auteur s'exprime ainsi.

» J'ai *presque lû* tous les Ouvrages
» des *Incrédules ou des Philosophes*
» (95) du siècle; & sans en discuter
» le fond. J'ose défier leurs admira-
» teurs d'en produire un seul, de
» quelque main qu'il soit sorti, qui
» puisse soutenir la comparaison avec
» cet avertissement (96) tant pour

---

(95) Pourquoi faire des synonymes de ces mots ? l'Auteur ignore-t-il que *Philosophe* signifie à la lettre *ami de la sagesse* ou *sage*, & que lorsqu'il fait entendre que tous les Philosophes sont incrédules, il dénigre lui-même la Religion au lieu de la servir ?

(96) Il s'agit de *l'avertissement aux fidèles du Royaume*, publié par ordre de l'assemblée du Clergé de France, tenue à Paris en 1775. le Journaliste en l'annonçant pouvait rendre

» la beauté *du contexte*, que pour
» l'élégance & toutes les parties de
» l'élocution. Que sont en effet tous
» les écrits des Fr. des T. des B. des
» D. des H. des V. &c. &c. Quand
» on les lit sans prévention ? Là je
» ne vois que des *hypothèses bâties*
» *sur les hardis délires d'une ima-*
» *gination noircie par les vapeurs*
» *de la consomption.* Ici c'est une
» *Métaphisique égarée dans les té-*
» *nèbres du matérialisme dont elle*
» *sonde la profondeur.* Rien de *positif*
» où l'on puisse asseoir une opinion
» propre à tranquiliser. (97) des

---

justice au zèle & à la piété des Prélats dont il est émané, & à l'éloquence de celui qui l'a rédigé, sans insulter grossièrement plusieurs Ecrivains célèbres. Il serait prudemment de ne jamais se mocquer du stile d'aucun Ecrivain tel qu'il soit, & à plus forte raison, de ceux dont le mérite littéraire a été reconnu & avoué par les Théologiens mêmes qui ont combattu leurs opinions Philosophiques.

(97) En Physique & dans les sciences naturelles comme dans la Philosophie, on a toujours dit que le doute était le premier pas

» principes *sans consistence, incohé-*
» *rens qui s'impliquent & qui croulent*
» *de tous côtés;* des idées *vagues, où*
» *l'on ne trouve, en creusant un peu,*
» *qu'une légère écorce qui couvre un*
» *grand vuide.* Tantôt vous rencon-
» trez un *stile abstrait, obscur,* en-

---

qui menait à la vérité La devise de Montagne était, *que sais-je?* Cela n'a pas empêché le même Journaliste de donner des louanges à ce Philosophe, & d'être l'éditeur de ses voyages, qui par parenthèse, auraient dû rester dans le fond du château où on les a trouvés. Melle. de Gournai n'aurait pas manqué de les donner au Public à la suite des *Essais*, si elle avait cru qu'ils pussent faire honneur à son pere adoptif. Mais elle n'ignorait pas qu'en les rédigeant, il n'avait voulu en faire qu'un simple répertoire pour son usage. Cependant ce livre fut annoncé avec une emphase extraordinaire. Le nom de *Montagne* promettait beaucoup sans doute; ce qui fit qu'après avoir lû cet œuvre posthume, chacun s'écria:

Parturiunt montes nascetur ridiculus mus.

Ceux qui voudront mieux connaître la sagacité, le bon goût & l'éloquence de l'Editeur, n'ont qu'à lire les notes, le discours préliminaire, qui n'est qu'une longue compilation du Journal de Montagne, faite pour grossir le livre & l'Epître dédicatoire qui broche sur le tout.

T.

» *tortillé, qui ne voile que des ab-*
» *surdités crues Philosophiques.* Tan-
» tôt sous *un stile hérissé d'antithèses,*
» *de jeux de mots, de mauvaises plai-*
» *santeries*, ou sous un stile *négligé,*
» *sans liaison*, aussi *décousu que la*
» *morale des incrédules*, vous ne
» retrouvez que les pensées de Morin
» (98) ou *les sarcasmes impies de*
» Blot (99) réchauffés par un *persi-*
» *fleur éternel qui croit avoir bien*
» *éclairé des lecteurs aussi frivoles que*
» *lui, quand il les a fait rire.*

Quoi c'est dans le dix-huitième
siècle, dans celui qu'on appelle le
siècle des lumières & du goût, qu'on
écrit ainsi ! c'est dans le sein même
de la Capitale & au milieu des plus

---

(98) La république des lettres doit un re-
merciement au Journaliste qui assimile ses plus
illustres membres à un fou.

(99) Il fallait écrire Blount. Le lecteur sent
assez combien ces comparaisons & ce ramas
d'épithètes, entassées sans choix & sans justesse, choquent le goût & la raison.

célèbres Ecrivains, qu'on ofe les dénigrer fi baffement ! Ce Journalifte, dira-t'on, n'écrit que pour les Provinces. Il les fuppofe donc totalement dépourvues de fens commun ? Il fe trompe fort s'il croit que fes injures & fon ftile y faffent plus de fortune qu'à Paris.

Qu'efpère enfin cet Auteur, & tous ceux qui lui reffemblent, en s'acharnant fur M. de Voltaire, comme de faibles moucherons autour d'un vafe de miel où ils s'empêtrent d'eux-mêmes, où comme ces maringouins qui femblent braver la lumière d'un flambeau jufqu'à ce qu'ils en foient dévorés ? Ce *perfifleur éternel*, dont ils fe moequent, n'eft rien moins que le premier des Poëtes Français, & peut-être de tous les Poëtes. C'eft celui de tous nos Ecrivains à qui la langue françaife a le plus d'obligations. C'eft lui principalement qui en a étendu

T ij

la connaissance chez toutes les Nations éclairées, par la beauté & la diversité de ses Ouvrages, & sur-tout par cet esprit de Philosophie & d'humanité qui y règne sans se démentir jamais, & qui les naturalise chez tous les hommes, quelques soient leur pays & leur croyance. (100) Ce caractère distinctif suffirait pour en assurer le succès dans toute l'Europe, indépendamment des beautés dont ils brillent. De Cadix à Pétersbourg on

---

(100) Un homme d'un vrai mérite, (M. V. de B.) qui réside depuis sept ou huit ans à Canton en Chine, nous a mandé qu'un letré Chinois de sa connaissance a traduit dans sa langue, différentes Poësies de M. de Voltaire, qu'il les a fait passer à l'Empereur Kien-rong, qui est lui-même un Poëte célèbre, témoin son *Eloge de Moukden*, que le Pere Amiot nous a fait connaître, & que ce Prince avait donné au Poëte Français les épithètes de *Thyénne-ly*, lumière divine, *Pousal-fond*, esprit surnaturel. Nous avons depuis lors envoyé à M. V. l'Epître au *Roi de la Chine* ; s'il la fait parvenir à son adresse, nous sommes persuadés qu'elle réjouira beaucoup Sa Majesté Chinoise & Tartare.

repréfente *Mérope* & *Zaïre*. L'hiftoire de *Charles XII*, eft lue de Stockolm à Conftantinople. En dernier lieu, au Congrès de Fockiani, la langue de Voltaire fut la langue commune entre les deux Puiffances belligérentes; elle fut une des caufes fecondes qui hâtèrent la réconciliation de la Ruffie & de la Porte; & le lien qui rapprocha & réunit enfin les deux plus vaftes Empires de l'Europe & de l'Afie. Quel homme de lettres a répandu le goût de la littérature étrangère en France, plus que M. de Voltaire ? Il nous a fait connaître les grands hommes dont s'honorent les Nations lettrées, en traduifant une foule de morceaux de leurs meilleurs Ouvrages en profe & en vers. Eh ! quelles traductions que les fiennes ! C'eft bien là que la lettre ne tue pas le fens. On y retrouve les graces des Originaux, & il n'eft point d'Ecrivain qui ne désirât de trouver un pareil Traducteur. Il a été le premier disciple de Newton en France, il a été également le premier panégiriste de différens établissemens avantageux à l'humanité, dont l'utilité est aujourdhui universellement reconnue. Enfin, l'élévation de son génie & la variété de ses connaissances lui ont acquis l'estime des Souverains & la vénération des Peuples. Depuis soixante-ans les savans les plus illustres d'Italie, d'Allemagne, d'Angleterre, de Russie, se sont fait honneur d'être en correspondance avec cet homme célèbre. Leurs suffrages sont bien propres sans doute à lui faire oublier l'injustice d'une petite portion de ses Concitoyens qu'on laisse crier dans le désert. Ils y crieront encore long-temps sans que rien les fatigue, & cela n'est point extraordinaire. Chacun suit son instinct, la sangsue rampe sur la vase tandis que l'aigle plane dans le Ciel. Le génie a trouvé des ennemis dans l'antiquité, il en aura dans les siècles à venir, comme il en a dans le nôtre ; leurs atteintes n'arrivent point jusqu'à lui, & ne peuvent l'arrêter dans sa carrière immense. Ils se réunissent aujourdhui contre le Chantre de Henri. Si leurs débiles voix pouvaient se faire entendre jusques chez les Nations voisines, on y verrait avec un singulier étonnement, les nouveaux principes qu'ils s'efforcent d'établir. Elles auraient une grande obligation à ces Juges despotiques, qui prétendent réformer leurs idées, changer leur goût, & leur persuader que les meilleurs Ouvrages Français ne sont depuis long-tems que des rapsodies, & que M. de Voltaire qu'elles avaient tant admiré, n'est qu'un plat Ecrivain & un *misérable persifleur*.

Pourquoi l'auteur de la *Henriade*

échapperait-il à la censure des satyriques de nos jours, lorsque les corps les plus respectables ne sont point à l'abri de leurs invectives ? Il s'est formé depuis quelques années une ligue anti-académique qui se permet de couvrir de ridicule les décisions solemnelles des premiers corps littéraires & on la dédaigne assez pour le souffrir. Ce nouveau tribunal hypercritique, insultant le génie, louant à outrance la médiocrité, a le malheur de voir toujours ses jugemens cassés par la plus saine partie du public; mais rien ne le rebute & il ne cesse de livrer une nouvelle guerre à tout ce qui émane des académies & à tout ce qui est approuvé par elles. M. de Voltaire, il est vrai, a pris quelquefois sur lui de défendre la cause commune & de venger le bon goût. Il a daigné donner sur les doigts à nos aristarques.

modernes & l'on a ri à leurs dépens. Il s'est abaissé sans doute en proférant leurs noms dans ses ouvrages, mais pourrait-on l'en blâmer ? Lui fera t'on un crime de repousser gaiement les traits de ses agresseurs ? Cela tient à sa constitution physique. On n'est point maître de contenir sa vivacité lorsqu'elle est extrême. Il ne dépendait pas de Boileau de ne point appeller les choses par leur nom quand il était piqué, comme il ne dépend pas de M. de Voltaire de se taire lorsqu'on l'attaque imprudemment. C'est à ce haut degré de sensibilité que nous sommes redevable de ses chefs-d'œuvre & de ses plaisanteries qui ont leur mérite. Sans lui on ne l'eût vu punir que par le mépris & par un profond silence les insectes qui le fatiguent de leurs vains bourdonnemens, mais nous n'aurions pas *Mahomet*, mais il n'eût pas fait Zaïre, mais il n'eût pas embrassé avec tant de feu la défense des Calas, mais il n'eût pas relevé la race de Corneille, &c. &c. Pardonnons-lui de nous avoir réjoui quelquefois aux dépens de ceux qui se sont exposés volontairement à ce déboire & qui n'ont pas craint de jouer un vilain rôle dès à présent & dans la postérité.

Pour blâmer les effets, la cause en est trop belle.

On doit lui savoir gré au contraire de ce qu'il s'oppose de toute sa force à cette noire mélancolie, à cette sombre horreur qui semblait vouloir s'emparer de tous les esprits, & dont l'influence s'étendait sur toutes les branches de notre littérature ; sa Muse folâtre & badine a toujours été le plus sûr antidote de ce poison funeste ; on lui voit prendre tour à tour, avec un égal succès, la lyre d'Apollon, la trompette de Clio, & la flûte de Pan. Tandis que cette maladie exotique attristait tous nos jeunes Auteurs, la gaieté Française se réfugiait chez M. de Voltaire, & elle ne parait pas vouloir quitter de sitôt ce charmant azile.

Tout le monde en effet conviendra que cet homme prodigieux conserve un fond de gaieté extrêmement rare aujourd'hui, & presqu'unique à son âge. Personne n'a possédé dans un dégré plus haut le talent de la bonne plaisanterie. Anacréon à quatre-vingt-deux ans n'avait pas la voix plus légère, & Sophocle ne l'avait pas plus majestueuse. La Tragédie de *Dom-Pèdre* prouve combien il est encore capable de concevoir & d'exécuter de grands Ouvrages. Elle justifie ces vers qu'on lui adressait quelque tems avant qu'elle ne parût :

Quand le Cigne expira sur les bords du méandre,
Tous les Grecs empressés accouraient à sa voix,
Par un sublime effort, il se faifait entendre
Aux Mortels enchantés pour la dernière fois.
O Cigne de Ferney, Toi, dont la voix sonore
En dépit des jaloux fait conserver encore
Ses premiers attributs, la force & la douceur,
Ne te verrons-nous plus aux champs de la victoire
Enlever la Couronne à quelque jeune Auteur ?
Courbé fous tes lauriers, & las d'être Vainqueur,
Tu t'endors à nos yeux dans les bras de la gloire.
Le monde cependant gémit de ton repos :
Du Théatre Français, vois la chûte cruelle;
Tu peux le relever par tes nobles travaux,

Voltaire,

Voltaire, éveille-toi, Melpomène t'appelle
Et te prépare encor des triomphes nouveaux.

Si tous ces prétendus réformateurs du goût, qui refusent à M. de Voltaire non-seulement les dons du génie, mais le simple talent d'écrire, en s'efforçant d'avilir nos bons Ouvrages, produisaient eux-mêmes de meilleurs modèles, on se consolerait peut-être ; mais ils ne savent que nuire, comme a dit Piron, en parlant de l'un deux.

Certain Auteur de vingt mauvais
libelles,
Croit que sa plume est la lance d'Ar-
gail ;
Au haut du Pinde, entre les neuf
Pucelles,
Il s'est placé comme un épouvantail.
Que fait le Bouc en si gentil bercail ?
Y plairait-il ? prétendait-il y plaire ?
Non, c'est l'eunuque au milieu du
du serrail,
Il n'y fait rien, & nuit à qui veut faire
V

Au reste, il ne faut pas croire que toutes les déclamations des folliculaires, recueillies enfuite dans des Dictionnaires Satyriques, ou pour la commodité du lecteur malin, on dit des injures par ordre alphabétique, puissent faire la moindre impression fur des hommes faits. Tous ceux qui ont un peu réfléchi, ne donnent point dans des paneaux fi grossièrement tendus. Quelque soit l'amour-propre de nos Critiques, ils n'ont pas efpéré de faire des profélites dans cette claffe, mais ils ont crû pouvoir fafciner les yeux de quelques jeunes gens fans expérience, de quelques écoliers dont ils troublent les idées, & obfcurciffent les premières notions.

Un jeune homme peu confiant en fes propres lumières, qui n'aurait lû que les brochures nouvelles pour ou contre M. de Voltaire, pourrait bien suspendre son jugement en voyant des sentimens si opposés sur le mérite de cet homme extraordinaire ; on serait peu étonné si on l'entendait exprimer ainsi l'embarras où doivent le jetter tant de contradictions : » Je » vois cet Ecrivain loué par dix Au- » teurs, dénigré par dix autres ; je » ne sais auquel entendre, & je crains » de passer pour un sot dans la so- » ciété si je me hazarde d'en dire » du bien ou du mal. » Voici ce qu'on pourrait lui répondre. » La défiance » de vous même convient à votre » âge ; elle prouve un sens droit, un » esprit exempt de passion & de pré- » jugé. Le défaut d'expérience vous » empêche de décider d'après vos » sensations ; il faut donc chercher » des guides qui vous mettent en état » de prononcer vous même en dé- » veloppant vos facultés & en formant » votre goût. Les gens de lettres sont

» les Juges naturels que vous devez
» choisir ; ils doivent connaître
» mieux que nous le vrai talent. Ils
» savent par expérience, les difficul-
» tés qu'il faut vaincre, les écueils
» qu'il faut éviter pour réussir, pour
» captiver le lecteur, en joignant le
» mérite de l'agrément à celui de
» l'instruction. (101) Prenez donc
» d'un côté les Ouvrages de tous les
« Auteurs morts & vivans qui ont
» fait éclater la haute estime qu'ils
» ont eue pour M. de Voltaire, &
» lui en ont donné des témoignages
» publics. Prenez de l'autre toutes
» les productions de ceux qui ont
» feint de le mépriser en le décriant.
» Remarquez bien où brillent ce ju-
» gement, ces lumières, cet agré-
» ment qui vous charmaient dans les
» Auteurs de l'antiquité dont vou

_____

(101) *Omne tulit punctum qui miscuit utile dulci*, Horat.

» êtes encore rempli ; calculez le
» nombre & le poids des opinions
» qui doivent déterminer votre ju-
» gement ; mettez-les dans la balance
» de l'équité ; voyez de quel côté pèse
» le génie, le goût, les connaissances,
» les succès, & vous pourrez alors
» facilement décider si M. de Voltaire
» est en effet le premier homme du
» siècle, ou si ce titre appartient au
» détracteur de M. de St. Lambert, &
» de M. de Lille. (102)

---

(102) On connaît cet ancien proverbe : *dis-moi qui tu hantes, je te dirai qui tu es*. Il ne seroit pas moins vrai, tourné ainsi : *dis-moi qui t'estime, je te dirai qui tu es*. D'après cela, il suffirait pour apprécier le mérite de M. de Voltaire, de placer sur deux colomnes parallèles, d'un côté les noms de ses admirateurs, & de l'autre, ceux de ses détracteurs. A peine trouverait-on un ou deux noms célèbres sur la deuxième colomne ; encore seraient-ils nuls, puisqu'on les verrait également sur la première, comme on l'a pu connaître par l'exemple de Jean-Baptiste Rousseau.

FIN.

ERRATA.

Pages.	Lignes.		
4	18	beaume	baume
6	10	chefs-d'œuvres	chefs d'œuvre
12	7	dont s'agit	dont il s'agit
Ibid.	9	à M. de S. Lambert & autres	A leurs Auteurs.
17	8	Lisez en Note : On voit dans l'Estampe dont il est ici question, le portrait de M. de Voltaire entre ceux des deux Commentateurs de la Henriade, sur quoi l'on a dit très-plaisamment :	

Le Jay vient de mettre Voltaire
Entre la Beaumelle & F......;
Ce serait vraiment un Calvaire
S'il s'y trouvait un bon Larron.

22 Note	ligne dern.	conficere	conficere
26 N.	11	Prédécesseuss	Prédécesseurs
31 N.	1	s'ils les,	s'il les
32		après ces mots : emportent seules tous les suffrages, ajoûtez en Note : on néglige aujourd'hui Racine & Moliere pour des Drames, des Proverbes dramatiques, des Parades & des Parodies ; pour les Comédiens	

SUITE DE L'ERRATA.

Pages.   Lignes.

        de Bois & mille autres frivolités. Jamais l'Esprit ne s'est exercé sur des objets plus grands, témoin la vogue inconcevable des Charades, des Calembourgs, des Jeux des mots & des Pointes; Il n'est pas jusqu'au Logogriphe qui ne trouve des Partisans distingués.

Pages	Lignes	
33	5	après *femmes* ôtez la virgule
Ibid.	9	effacez *aussi*
Ibid.	10	effacez *veut*
Note.	3	théatre --- théatres
N.	20	fuir --- fuïr
48	10	*faisons voir* --- *de faire voir*
57 N.		ligne pénult. *Adronic* --- *Andronic*
56 N.	22	effacez *la*
68	3	*pour* --- *pouvoir*
83	17	*Desfontaine* --- *Desfontaines*
91	13	*ed* --- *de*
95	20	*la* --- *là*
98	11	*furent* --- *furent*
Ibid.	19	*statue* --- *stature*
100	12	*détracteurs*, lisez *détracteurs*.
105	3	après *Pollux*, mettez deux points.
113	24	*frenouse* --- *frenéuse*
119 N.		*ceci ne détruit pas*, &c. lisez:

SUITE DE L'ERRATA.

Pages. Lignes.

		ceci n'est pas détruit par ce qu'on a dit, &c.
120	8	accusera --- qu'on n'accusera
123	7	funebre --- funèbre
Ibid.	15	& on --- & l'on
129		ligne dernière, effacez *la*
138	1	*trivial.* --- trivial.,
139	1	*un emphâse* --- une emphâse
145	3	chargent --- chargeant.
170	20	du critique --- d'une critique.
Ibid.	23	duo --- duos.
173	19	*tandis qu'il se comparait,* lisez : & se comparer lui même à Appollon. Ce nouveau Dieu vengeur composa une gentille allégorie où il entreprenait de faire subir au Musicien Français le sort du Phrygien, mais il n'écorcha en effet que les oreilles du petit nombre de ses Lecteurs.
178 N.	28	crois-je --- croyais-je
180	5	effacez : *que les fois*
186 N.	5	*est presqu'inintelligible* --- sont presqu'inintelligibles
215	6	*nu* --- un
Ibid.	12	après *le fond.* mettez une virgule
Ibid. N.	4	*qae* --- que
219	16	*cet* --- cette

SUITE DE L'ERRATA.

Pages. Lignes.

220 N.   remontez les lettres dérangées
         au commencement des lignes.
229 22 prétendait --- prétendrait.
230   2 folliculaires --- folliculaires
232 13 & lui en ont --- & qui lui
         en ont
ibid.   ligne dern. tou --- tous.

www.ingramcontent.com/pod-product-compliance
Lightning Source LLC
Chambersburg PA
CBHW060117170426
43198CB00010B/932